南昌工程学院科研成果专项经费资助项目
江西省水安全与可持续发展软科学研究基地资助项目

基于企业惯例的企业竞争优势培育研究

嵇国平 / 著

The Cultivating Research of Enterprise Competitive Advantage Based on Enterprise Routines

经济管理出版社
ECONOMY & MANAGEMENT PUBLISHING HOUSE

图书在版编目（CIP）数据

基于企业惯例的企业竞争优势培育研究/嵇国平著. —北京：经济管理出版社，2016.12
ISBN 978-7-5096-4205-4

Ⅰ. ①基… Ⅱ. ①嵇… Ⅲ. ①企业竞争—市场竞争—研究—中国
Ⅳ. ①F279.2

中国版本图书馆 CIP 数据核字（2015）第 306955 号

组稿编辑：何　蒂
责任编辑：杜　菲
责任印制：黄章平
责任校对：王　淼

出版发行：经济管理出版社
（北京市海淀区北蜂窝 8 号中雅大厦 A 座 11 层　100038）
网　　址：www. E-mp. com. cn
电　　话：(010) 51915602
印　　刷：北京玺诚印务有限公司
经　　销：新华书店
开　　本：880mm×1230mm/32
印　　张：6.625
字　　数：148 千字
版　　次：2016 年 12 月第 1 版　2016 年 12 月第 1 次印刷
书　　号：ISBN 978-7-5096-4205-4
定　　价：38.00 元

前言

自20世纪60年代战略管理学诞生以来，企业竞争优势的培育研究一直是战略管理界密切关注的中心命题之一；尤其是90年代以来，企业竞争优势的培育研究越来越引起管理界及企业界的广泛兴趣和重视。企业在市场经济中的兴衰存亡是企业竞争优势强弱、有无的具体反映，在市场经济条件下，培育自身的竞争优势已成为现实中企业的永恒追求。所以说，企业竞争优势的培育研究有重大的理论意义和实践意义。

现实中，人往往是按照惯例进行思考和行动的；而由人构成的企业也是如此。企业惯例对企业的生存和发展起着至关重要的作用，它通过对企业资源的有效配置而成为企业竞争优势之源。但迄今为止，主流企业竞争优势理论主要从企业能力或资源视角研究企业竞争优势的来源和培育，而忽视了企业惯例这一视角。

本书在界定企业惯例和企业竞争优势概念的基础上，揭示了在现实中企业普遍存在着惯例行为这一事实。本书主要采用归纳推理法和假设—演绎法，从企业惯例视角阐述企业竞争优势的来源机理，结合培育企业竞争优势中存在的主要问题，通过探寻有效的企业惯例的培育途径，寻求培育企业竞争优势之路。

本书从企业惯例视角剖析了企业竞争优势的来源机理，并探讨了其培育途径，在企业竞争优势研究方面，这是一种新的尝试；也许可以为今后战略管理理论界对企业竞争优势的研究开创一个新的局面。从企业惯例视角探寻中国培育企业竞争优势的基本途径，可为企业在竞争日益激烈的市场环境中，在寻求和培育自身的竞争优势方面带来有益的思考和探索。

本书共六章。

第一章：绪论。首先，阐述了本书研究的背景和意义；其次，对企业竞争优势和企业惯例两个关键概念进行了界定；最后，概括了本书的逻辑结构、主要内容和研究方法。

第二章：企业竞争优势文献综述。对国内外研究企业竞争优势的文献进行了综述：一是从经济学的视角，分两个方面（企业成长理论和新制度经济学理论）论述了国外学者对企业竞争优势所做的研究；二是从战略管理学的视角，分四个方面（战略规划学派、产业结构学派、企业资源学派和企业能力学派）论述了国外学者对企业竞争优势所做的研究；三是论述了国内学者对企业竞争优势所做的研究。

第三章：企业竞争优势相关理论。详细阐释了与企业竞争优势相关的三个理论：企业社会责任理论、利益相关者理论和企业软实力理论。

第四章：企业惯例与企业竞争优势的关联。首先，阐述了企业惯例的特性及惯例与人的意识、心理的内在关系；其次，在界定企业文化的基础上，指出企业文化深深地影响着企业惯例，两者存在着密切的联系；最后，阐明了企业惯例也可以成为企业竞争优势之来源的机理，并指出企业惯例对企业竞争优势的获取和培育起着关键的作用。

第五章：企业竞争优势培育中存在的主要问题：企业惯例视角。依据企业的行为方式和企业经营的范围，把中国企业竞争优势培育中所存在的主要问题划分为企业非惯例问题和企业惯例问题。一方面从传统的经济及政治体制的负面影响和非健康的行业竞争氛围两个方面阐述了非惯例问题及其产生的原因；另一方面从战略缺失、决策缺失和缺乏有效的学习惯例三个方面阐述了企业惯例问题及其产生的原因。

第六章：培育企业竞争优势的基本对策：企业惯例视角。结合中国培育企业竞争优势所存在的主要问题，从培育有效的企业战略惯例、养成科学的决策惯例、养成持续有效的学习模式、塑造企业信用和提升企业软实力五个方面探寻培育企业竞争优势之路；并从中国形成健全的行业竞争氛围视角寻求有利于培育企业竞争优势的外部支持。另外，还提供了六家企业通过各种方式经营自我，最终使得企业获取和保持竞争优势的成功案例，从而为相关企业进行管理和经营提供思路借鉴。

稽国平

2015 年 11 月于南昌工程学院

目 录

第一章
绪　论

一、研究背景及意义

（一）理论背景及意义

自 20 世纪 60 年代战略管理学诞生以来，企业竞争优势的获取和培育就一直是战略管理研究的热点问题。[①②③] 在过去的

① 李玉刚，童超. 企业合法性与竞争优势的关系：分析框架及研究进展［J］. 外国经济与管理，2015（3）.

② Powell T. Competitive advantage：logical and philosophical consideration［J］. Strategic Management Journal，2001，22（12）.

③ Foss N. J.，Knudsen T. The resource-based tangle：towards a sustainable explanation of competitive advantage［J］. Management and Decision Economics，2003，24（4）.

近50年中，各国研究战略的学者对此已做了长期不懈的努力和探索，取得许多重大成果。特别是自90年代初以来，中国经济界、管理界和企业界对企业竞争优势的培育研究表现出浓厚的兴趣和高度的重视；如今，企业竞争优势的培育研究已成为他们关注的焦点和主题，以致这方面的文献层出不穷。

2015年12月12日，在百度搜索引擎搜索“企业竞争优势”，约有5260万项符合企业竞争优势的查询结果；而在期刊上发表的有关企业竞争优势理论的文章更是层出不穷。在中国期刊网上，输入“企业竞争优势”关键词而搜查到的从1990~2015年的文章就有5220多篇。这也从一个侧面说明，自20世纪90年代后期企业竞争优势理论已成为我国的热点问题，受到学术界和企业界的广泛和深切关注。

但是，主流竞争优势理论研究的国内外学者主要是从企业的资源或能力视角研究企业竞争优势的来源和培育，而鲜有学者从企业惯例视角对此进行研究。

因而，本书从企业惯例视角研究企业竞争优势的培育问题，探寻中国企业竞争优势培育的基本途径，在战略管理界是一种新的尝试，也是一种新的思路，也许可以对今后企业竞争优势的理论研究提供借鉴，提供新的视角，从而有助于在此方面开创一个新的局面。由此可以看出，从企业惯例视角对企业竞争优势的培育研究具有重大的理论意义。

（二）实践背景及意义

在现实中，人们的行为不但要遵循显在的惯例，包括法律、规章和制度等，而且还要遵循“潜在规则”，这已成为人们普遍的行为模式；由人构成的企业的行为也不例外，企业管理者常常是按这种惯例思考问题并做出决策的。[①] 因而，企业惯例对企业的生存和发展起着至关重要的作用，可以成为中国企业竞争优势的来源。

随着中国经济市场化改革的不断深入和社会主义市场经济体制的不断完善，尤其是随着中国加入世界贸易组织（WTO），企业竞争优势的培育问题更加从实践方面被置于中国企业管理者的面前。

本书基于企业惯例普遍存在于人类社会和企业这一事实，研究中国企业竞争优势的培育问题，或许可以为中国企业在竞争日益激烈的市场环境中，为寻求和培育自身的竞争优势带来有益的思考和探索。由此可以看出，从企业惯例视角研究企业竞争优势的培育问题具有重大的实践意义。

① 孙东生，嵇国平．“惯例人”假设与管理学理论范式［J］．经济管理，2005（7）．

二、主要概念界定

（一）企业竞争优势的界定

企业竞争优势概念是研究竞争优势理论的逻辑起点，也是企业竞争优势理论中的一个核心概念；但从查阅的相关文献来看，企业竞争优势的概念“本身获得的关注很少，而且非常混乱”。[①②③④] 因此，有必要界定企业竞争优势的概念。

英国经济学家张伯伦（Chamberlin）于 1939 年在《垄断竞争理论》中最早提出竞争优势概念；1978 年，霍弗（Hofer）和申德尔（Schendel）把竞争优势引入战略管理领域。[⑤] 战略管理学的不同学派对企业竞争优势含义有着不尽相同的认识。波特（Porter）认为企业竞争优势“来源于企业为客户创造的超过其成本的价值”；[⑥] 巴尼（Barney）认为“一个企业能够实施

---

① 马钢. 企业竞争优势的内涵界定及其相关理论评述［J］. 经济评论，2006（1）.

② Christine O. Sustainable competitive advantage：combining institutional and resource based views［J］. Strategic Management Journal，1997，18（9）.

③ 邓秋云. 竞争优势相关概念辨析［J］. 财经科学，2002（7/8）.

④ 周晓东，项保华. 什么是竞争优势［J］. 科学学与科学技术管理，2003（6）.

⑤ 余光胜. 企业竞争优势根源的理论演进［J］. 经济管理，2002（20）.

⑥ 波特. 竞争战略［M］. 陈小悦译. 北京：华夏出版社，2004.

某种价值创造性战略而其他任何现有和潜在的竞争者不能同时实施时，就可以说该企业拥有竞争优势”；[①] 中国学者蒋学伟认为企业竞争优势是在市场竞争中的一种相对的能力。[②]

从以上定义或概念中可以看出，企业竞争优势具有相对性和竞争性等特性；学术界基本认同企业竞争优势关键源于企业的资源或能力。但是认为它是一种能力又关键源于能力，就存在逻辑上的混乱。因而，本书认为企业竞争优势是企业在可竞争市场中的状态，即企业通过惯例有效配置企业资源而提供比竞争对手更好的产品或服务，从而使企业获得超额收益的一种状态。该定义强调了以下几个关键点：

（1）企业竞争优势生成和持续于可竞争的市场经济中。

（2）企业竞争优势是一种状态，而不是一种能力。

（3）企业竞争优势是通过企业惯例对企业资源的有效配置而获得的。

（4）企业竞争优势是相对竞争对手而言的。

（5）企业竞争优势最终要通过企业提供的产品或服务来体现。

企业竞争优势的来源多种多样，因而企业竞争优势的培育途径也可以多种多样，本书在阐述和分析中国培育企业竞争优势中存在的主要问题后，从企业惯例视角研究中国企业竞争优

① Barney J. B. Firm resources and sustained competitive advantage [J]. Journal of Management, 1991, 17 (1).

② 蒋学伟. 保持竞争优势 [M]. 上海：复旦大学出版社，2002.

势的来源机理和培育途径。

在理论界特别是在战略管理界，当人们提到“企业竞争优势”时，往往是指企业在短期内的竞争优势；当人们提到持续竞争优势时，往往是指企业在长期内的竞争优势，这是学者们对此的一个隐含假设，本书的行文逻辑也同样遵循这一假设的规定。

（二）企业惯例的界定

由于“习惯或习性”使然，人们在思考问题或进行决策时，期望并相信他们没有经历过的事例同经历过的事例相一致；吃、穿、住、行等人类的基本行为，久而久之就会成为一种惯例。因而，由人构成的企业“被假定是遵循刚性的，自我持续的惯例”。①

尼尔森、温特于 1982 年最早提出惯例的概念，他们认为惯例是“组织的记忆”，② 企业是以日常惯例为基础而开展工作的，所以企业的生产计划、价格确定、销售、管理等活动遵循以惯例为基础的行为方式。南京大学的盛昭瀚和蒋德鹏在合著的《演化经济学》一书中认为惯例是指“整个组织中的重复的行为方式，或者作为形容词形容这样的组织或个人完成的事顺利有效”。③ 吴光飙认为惯例是指在陈述性知识和企业活动情境

① 杰克·弗罗门. 经济演化［M］. 李振明等译. 北京：经济科学出版社，2003.
② 尼尔森，温特. 经济变迁的演化理论［M］. 北京：商务印书馆，1997.
③ 盛昭瀚，蒋德鹏. 演化经济学［M］. 上海：上海三联出版社，2002.

的约束下，对执行活动的一组功能相似的行为系列的累积性概括，是程序性知识。[①] 这里作者强调了惯例受规范和情境的制约，从知识的角度定义惯例；其所指的程序性知识包括隐性的“知道如何做”（Know-how）和显性的“知道如何做”（Know-how）。从本质上说，就是指行为模式，这和前两者提出的惯例概念在本质上不谋而合，都是指“可重复的行为模式”。本书认为企业惯例是企业在可竞争市场环境中，在企业的生存和发展过程中通过与环境的互动而形成的习惯行为模式，或作为形容词形容企业完成的事顺利有效。

三、逻辑结构、主要内容和研究方法

（一）逻辑结构

本书从企业惯例视角探寻企业竞争优势的培育对策研究，其逻辑结构如图 1-1 所示。

① 吴光飙. 企业发展的演化历程［M］. 上海：上海财经大学出版社，2004.

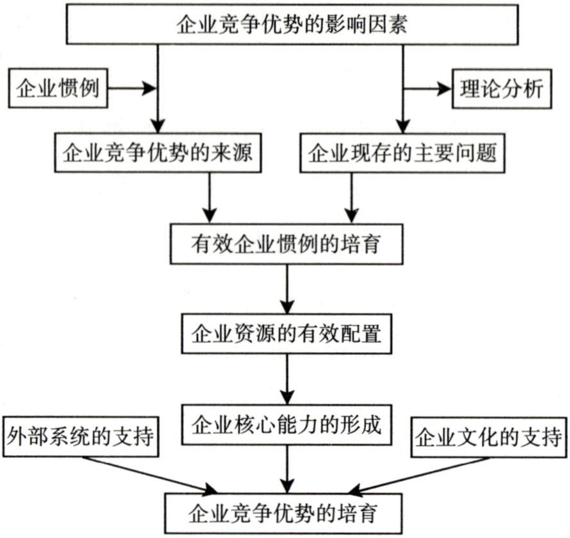

图 1–1　本书的逻辑结构

（二）主要内容

本书从企业惯例的角度，阐述了企业竞争优势的来源，在指出中国培育企业竞争优势所存在的主要问题后，寻求培育中国企业竞争优势的途径，其主要内容包括：

（1）在基本界定企业惯例和企业竞争优势概念的基础上，阐述了企业惯例的特性及其与人的心理、意识以及企业文化之间的关系。

（2）详细阐述了企业惯例有效配置企业资源的机制；在这个基础上，剖析了基于企业惯例的来源机理，为培育中国企业竞争优势奠定了基础。

（3）结合中国国情，以企业的行为方式和企业的范围为依据，详细地阐述了中国培育企业竞争优势所存在的问题。

(4) 在上述基础上，寻求有效的企业惯例的培育途径，探寻中国企业竞争优势的培育途径。

（三）研究方法

本书运用企业惯例理论、企业核心能力理论、企业资源基础理论和企业竞争优势理论，采用归纳法、推理法和假设—演绎法，以理论文献和实践经验为基础归纳企业竞争优势之源，以期探寻决定企业竞争优势的关键要素，推理出企业竞争优势可以源于企业惯例，然后在归纳中国培育企业竞争优势所存在的主要问题的基础上，探寻基于有效的企业惯例来培育中国企业竞争优势的途径。

第二章
企业竞争优势文献综述

一、国外研究现状及评述

（一）经济学对企业竞争优势的研究

随着实践和竞争优势理论的发展，人们发现经济学（尤其是经济学的企业内在成长论）可以使人们更好地理解企业竞争优势的获取和保持，也日益普遍地认识到研究中应用经济理论的重要性和必要性。因而追本溯源，我们应先从经济学的企业内在成长论开始研究。

1. 企业内在成长论

企业内在成长论最早可以追溯到斯密（Smith）于 1776 年

出版的《国民财富的性质和原因的研究》中的劳动分工论。在该书中，斯密认为劳动分工有利于提高劳动生产率，其原因在于：专门从事一项简单的工作有利于工人寻找更好的工作途径；重复地做类似的工作有利于提高生产率；复杂的工作转换为简单的工作可降低生产成本。[①] 这一分工理论可以看作是企业内在成长理论对企业竞争优势理论研究的本源。

随着“边际革命”的出现，新古典经济学逐渐成熟，但是新古典理论的集大成者——马歇尔（Marshall）仍坚持对企业内在成长理论的研究，他在其代表作《经济学原理》中提到：企业内部工作存在重大的差异，分工导致了新的协调问题，而这就需要新的专业职能，而且，这种情况不只发生在单个企业内。[②] 在这里，马歇尔把企业的“内部”经济问题和企业之间交互作用的“外部”经济问题区别开来。20 世纪 50 年代潘罗斯（Penrose）对此进行了深入研究。

与马歇尔相比，潘罗斯是忠实的企业内在成长论的研究者，他认为企业自身存在其固有的知识积累机制；企业应重视这一现象，随着企业的成长，企业能比单个决策者寻找到更好的解决企业内在问题的方法和途径，而这同时使企业积累了经验。

应当说，潘罗斯特别注重企业内的知识积累机制对企业成

① 斯密. 国民财富的性质和原因的研究［M］. 长沙：中南大学出版社，2003.
② 马歇尔. 经济学原理［M］. 朱志泰译. 北京：商务印书馆，1997.

长的影响，许多研究竞争优势理论的学者进一步深化了这一理论，进而对战略理论的资源学派和能力学派产生了重大影响。

从上述我们对企业内在成长论的追源和分析中可以看出，这一经济学的分支理论侧重企业内部视角，而这就为人们研究企业竞争的来源提供了一个重要的方向。实际上，许多学者也正是从这个角度研究竞争优势理论，从而促进了资源学派和能力学派的产生，而这两者正是企业竞争优势理论的核心。

2. 新制度经济学理论

尽管企业内在成长论对企业竞争优势理论的产生和发展极为重要，但新制度（Institution）经济学也功不可没，尤其是新企业理论和演化经济学理论对企业竞争优势研究的深入发展有着重要的影响。

（1）新企业理论。交易成本是新制度经济学最具理论基础意义的范畴和分析工具，科斯（Coase）最早发现交易成本，并从交易成本的角度解释了企业存在的原因，①② 但他并没有对交易成本的主要影响因素和计量等问题做进一步的研究。在科斯之后，对该理论做出最大贡献的是威廉姆森（Williamson），威廉姆森在继承西蒙的有限理性假说和科斯的关于交易成本的理论基础上，从人的有限理性、机会主义、生产专用性、交易

① Coase R. H. The nature of the firm [J]. Economica, 1937, 4 (16).

② Coase R. H. The problem of social cost [J]. Journal of Law and Economics, 1960 (3).

的不确定性、交易频率等方面扩展和深化了对交易成本决定因素的分析。[①②③]

交易成本影响企业的谈判、签约等行为，影响企业的合作和竞争行为，进而影响企业的绩效，而这对企业能否获取和保持竞争优势至关重要。威廉姆森对有限理性、机会主义和资产专用性的进一步研究非常有利于人们对竞争优势的途径进行深入的思考，尤其是其关于资产专用性的言论和资源学说是密切相关的。

（2）演化理论。自达尔文于 1959 年发表其著作《物种起源》以来，进化论的研究就没有间断过，新制度经济学的重要分支——演化论对此尤为重视。

演化论资源基础论、能力基础论都以企业的异质性作为基本假设，从事这一研究的学者把生物进化论的三种核心机制，即多样性、遗传性和自然选择与企业的相关情况进行相似对比。对这一理论做出重要贡献的是尼尔森（Nelson）和温特（Winter），他们于 1982 年发表了著作《经济变迁的演化理论》，认为企业的自身发展有其固有的轨迹，遵循着自我保持、自我成长的惯例；企业进行惯例的新组合有助于企业进行创新。之

① 袁庆明，刘洋. 威廉姆森交易成本决定因素理论评析 [J]. 财经理论与实践，2004（5）.

② 马约翰·克劳奈维根. 交易成本经济学及超越 [M]. 朱丹，黄瑞宏译. 上海：上海财经大学出版社，2002.

③ Williamson O. Credible commitments：using hostages to support exchange[J]. American Economic Review，1983（73）.

④ 尼尔森，温特. 经济变迁的演化理论 [M]. 北京：商务印书馆，1997.

后，他们一直寻找更具企业个体研究特色的分析模式。[④]

从微观层面说，企业要想在可竞争的市场中获取和保持竞争优势，就必须考虑技术变迁和制度变迁路径依赖企业竞争优势（Path Dependence）的影响。[①] 诺斯（North）通过对西方发达国家经济发展史的研究，发现了路径依赖。他认为路径依赖是指今天的选择受历史因素的影响，人们过去做出的选择决定了其现在可能的选择；[②③] 在制度变迁中存在着自我强化的机制，而企业的资源积累也存在着其固有的发展轨迹。企业的行为也是如此，他们都是路径依赖模式的。对路径依赖的研究有利于揭示竞争优势的持续机制和形成过程，也有利于揭示企业资源的积累机制和进行企业异质性分析。

长期以来，许多学者对制度在企业竞争优势中的作用研究不够重视，但随着新制度经济学的产生和发展，更多的学者对这一问题重视起来，如奥立弗（Oliver）于 1997 年在《战略管理杂志》上发表的《保持竞争优势：整合制度基础论和资源基础论》，洛格特（Lockett）、舍姆普森（Thompson）于 2001 年在《管理学杂志》上发表的《资源基础论和经济学》等，开启了研究企业竞争优势的新方向。

从上文经济学有关研究企业竞争优势的理论综述中可以看

---

① 卢现祥. 西方新制度经济学［M］. 北京：中国发展出版社，2004.

② North D. Structure and performance：The task of economic history［J］. Journal of European Economic History，1977（Fall）.

③ 科斯，阿尔钦，诺斯. 财产权利与制度变迁［M］. 上海：上海人民出版社，2004.

出，经济学理论是企业竞争优势理论的内在基础和重要基石，但经济学的企业内在成长论对企业竞争优势的研究主要集中于企业竞争优势的内在分析，而演化理论对竞争优势的研究侧重企业竞争优势来源的产生过程，而这正是当前主流企业竞争优势理论所忽视的。

经济学提供了一整套明晰、语义准确的专业术语，有助于有关企业竞争优势的概念和理论被准确地表述出来，战略学者也日益认为经济学有利于他们的战略思想的培养，从而在一定的程度上缓解战略理论中一些概念混乱的现象，进而增强战略理论对现实的解释力和指导力。

（二）战略管理学对企业竞争优势的研究

自战略管理学于20世纪60年代作为一门独立的学科诞生以来，企业竞争优势的获取和保持就一直是战略管理学的中心命题。从搜索到的国内外文献来看，围绕企业竞争优势的获取和保持这一战略管理的中心命题演化成了四个学派：战略规划学派、产业结构学派、企业资源学派和企业能力学派。

1. 战略规划学派

在20世纪五六十年代，欧美大部分国家正处于“二战”后的恢复或繁荣时期，国际和国内环境相对稳定，在此背景下，战略规划学派应运而生。该学派主要在安德鲁斯

(Andrews）和安索夫（Anthony）等人的推动下形成，其核心思想是企业的资源与外部竞争要素相吻合，[①②] 基于此，企业经营的关键是企业的资源在其能产生竞争优势的领域确立其地位。

企业的外部环境对于竞争优势的获取和保持具有一般甚至重要的影响；战略规划学派的基本模型——SWOT 对此做了比较清楚的说明，但它只是一般性地分析各因素的影响，并没有分清主次，更没有具体分析各因素对竞争优势的作用机制。而且这一学派隐含着以下假设：企业的资源是同质的且可以完全流动；[③] 企业所处的环境是相对稳定的。应当说，在当时的背景下，这一学派的核心思想和隐含假设是比较符合现实环境的，对企业实践有比较强的解释力，但随着环境的变化，其局限性越来越明显。

2. 产业结构学派

在 20 世纪 30 年代以前，企业一直被视为投入产出的“黑箱”，而在这一时期，新古典经济学的不完全竞争理论诞生了，其认为行业竞争是不完全的；企业个体是否获得超额利润主要

① Andrews K. The concept of corporate strategy ［M］. Homewood, IL: Irwin, 1972.

② Ansoff H., et al. Strategic planning to strategic management ［M］. Wiley Chichester, 1976.

③ 波特. 竞争战略［M］. 陈小悦译. 北京：华夏出版社，2004.

由其所处的市场结构决定；产业内存在政府干预性的保护，存在退出和进入壁垒，这些和当时的社会环境是相容的。[①②③]

美国哈佛大学的贝恩（Bain）和梅森（Mason）建构了产业组织理论的基本分析范式：市场结构（Structure）—市场行为（Conduct）—企业绩效（Performance），也就是通常所说的梅森—贝恩分析范式。出身于哈佛大学的波特（Porter）把 S-C-P 分析范式创造性地引入了战略管理领域，从企业所处的产业环境视角具体分析产业环境对竞争优势的作用。为此，波特创建了五种力量模型，并认为企业竞争优势的关键在于企业所处的行业的吸引力，在此基础上确定其市场地位。[④]

20 世纪 80 年代初期，波特创立的竞争优势理论在战略管理领域处于主流地位，它极力地肯定了产业结构对竞争优势的获取和维护作用，这在当时是难能可贵的。但他并没有就“五种力量”之间的关系进行研究，而且随着对战略的进一步研究，人们用实证的数据检验了波特的理论，[⑤] 证明了现实中有许多现象是他的理论无法解释的，因而其影响力慢慢地

① Conner K. A historical comparison of resource-based theory and five schools of though within industrial organization economics: Do we have a new theory of the firm? [J]. Journal of Management, 1991, 17 (1).

② Mason E. Price and production policies of large-scale enterprise [J]. American Economic Review, 1939, 29 (1).

③ Bain J. S. Workable competition in oligopoly: Theoretical consideration and some empirical evidence [J]. American Economic Review, 1950, 40 (2).

④ 波特. 竞争优势 [M]. 陈小悦译. 北京：华夏出版社，2004.

⑤ Rumelt R. Towards a strategic theory of the firm[J]. Competitive Strategic Management, 1984 (1).

下降了。

3. 企业资源学派

随着产业结构学派在战略领域地位的下降，企业资源学派诞生并得到了极大的发展。20 世纪 80 年代早期，鲁梅尔特（Rumelt）的实证研究发现产业内的利润差异比产业间的利润差异大得多，[①] 这一发现使人们更加怀疑和批判传统产业组织的市场结构决定企业绩效的论断。于是，人们把研究的视角由企业外部转向企业内部，由此视角探寻企业竞争优势的来源。

企业资源学派是在主流理论的反叛中成长起来的，自它出现到现在，一直是战略管理领域的主流理论之一；它也是研究企业竞争优势的基础理论。企业资源学派是建立在上文提到的企业内在成长论的基础上的，先后有沃纳菲尔特（Wernerfelt）、巴尼（Barney）、德姆塞茨（Demsetz）、迪雷克斯（Dierick）和库尔（Cool）、鲁梅尔特（Rumelt）、格兰特（Grant）、彼得拉夫（Peteraf）、蒙哥马利（Montogomery）和科利斯（Collis）

① 周三多，邹统钎. 战略管理思想史［M］. 上海：复旦大学出版社，2002.

② Demsetz H. Industry structure market rivalry and public policy ［J］. Journal of Law and Ecomomics，1973（16）.

③ Demsetz H. Barriers to entry［J］. American Economics Review，1972，72(1).

④ Dierickx I.，Cool K. Asset stock accumulation and sustainability of competitive advantage［J］. Management Science，1989，35（22）.

⑤ Grant R. M. The resource-based theory of competitive advantage：Implications for strategy formation［J］. California Management Review，1991，33（3）.

⑥ Collis D.，Montgomery C. A. Competing on resource：Strategy in 1990s［J］. Harvard Business Review，1995（7/8）.

⑦ 大卫·科利斯，辛西娅·蒙哥马利. 公司战略：企业的资源和范围［M］. 王永贵，杨永红译. 大连：东北财经大学出版社，2000.

等学者为企业资源的产生或发展做出了贡献。[2][3][4][5][6][7] 而在这些学者中，沃纳菲尔特和巴尼的贡献尤为重要。

1984 年，沃纳菲尔特在美国的《战略管理杂志》（“Strategic Management Journal”）上发表了《企业资源基础论》一文，标志着资源基础学派的正式到来，他在该文中认为企业是资源的集合体，企业资源对企业的绩效有重要影响，[1] 进而对企业竞争优势的获取和保持具有决定性的作用，这一观点对 20 世纪 90 年代的战略理论产生了重大影响。之后，巴尼在此基础上于 1991 年在《管理学杂志》（“Journal of Management”）上发表了《企业资源与保持竞争优势》一文，明确了企业资源学派的基本假设：企业是异质的；企业资源是不完全流动的。基于这一假设，他推导出企业资源的四个特性：价值性、稀缺性、不完全流动性和不完全替代性，以此为基础，巴尼分析了企业竞争优势的可持续性，如图 2-1 所示。[2]

巴尼的这一分析模型得到大多数学者认同，在这之后出现了大量研究企业持续竞争优势的文献，尤以彼得拉夫于 1993 年在《战略管理杂志》上发表的《竞争优势的基石》为代表，他在该文中从经济学视角分析了企业持久竞争优势产生的四个前提条件：企业资源的异质性、企业资源的非流动性、竞争的事

① Wernerfelt B. A resource-based view of the firm [J]. Strategic Management Journal, 1984, 5 (2).

② Barney J. B. Firm resources and sustained competitive advantage [J]. Journal of Management, 1991, 17 (1).

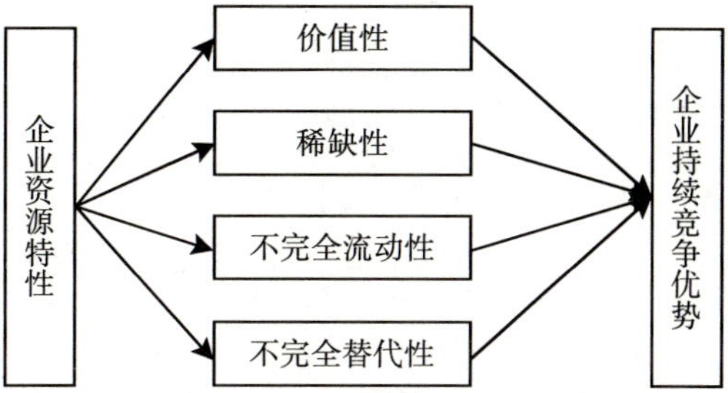

图 2-1　企业资源与企业竞争优势

资料来源：Barney J. Firm resources and sustained competitive advantage [J]. Journal of Management，1991，17 (1).

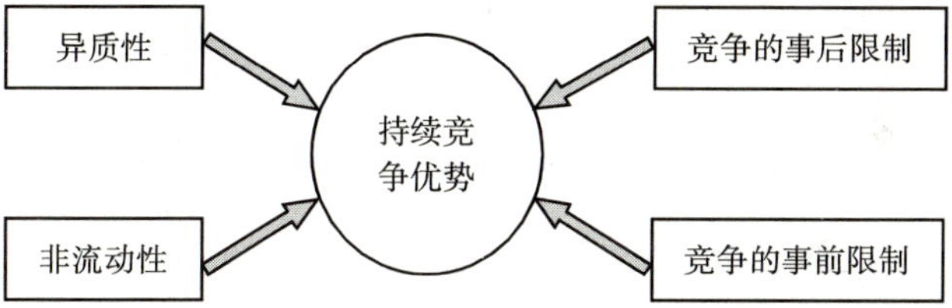

图 2-2　企业持续竞争优势产生的基本条件

资料来源：Peteraf M. The cornerstones of competitive advantage：A resource-based view [J]. Strategic Management Journal，1993 (14).

前限制和竞争的事后限制，如图 2-2 所示，这一理论进一步拓展了企业竞争优势理论的研究范围。①

但是福斯却对巴尼范式提出质疑，他在分析巴尼和彼得拉夫的两篇文章后，提出了自己的分析模型，如图 2-3 所示。

从图 2-3 中可以看出，福斯从不确定性和不完全流动性两

---

① Peteraf M. The cornerstones of competitive advantage：A resource-based view [J]. Strategic Management Journal，1993，14 (3).

② Foss N. J.，Knudsen T. The resource-based Tangle：Towards a sustainable explanation of competitive advantage [J]. Management and Decision Economics，2003，24 (4).

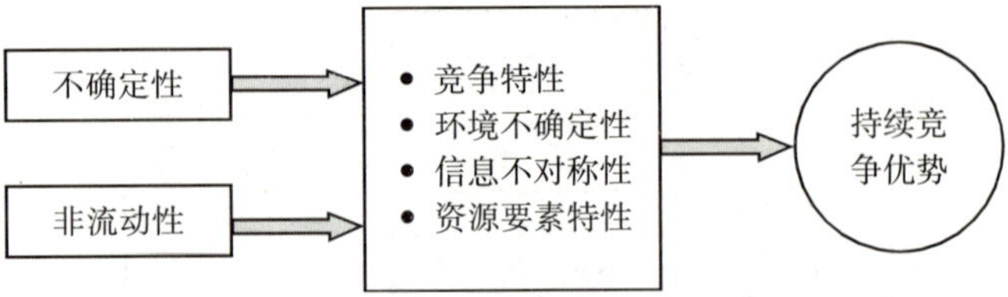

图 2-3 企业持续竞争优势产生的基本条件

资料来源：Foss N. J.，Knudsen T. The resource-based tangle：Towards a sustainable explanation of competitive advantage [J]. Management and Decision Economics，2003（24）.

个特性出发，分析保持竞争优势的理论，[2] 他从经济学和战略管理学相结合的角度论述企业持续竞争优势是一大进步。

如果说产业结构学为企业竞争优势论提供了结构—行为—绩效的分析范式，那么可以说企业资源学派为它提供了资源—战略—绩效的分析范式。[1] 进而可以看出，企业资源学派打开了企业"黑箱"，为人们从企业内部视角研究企业竞争优势提供了方便，促使人们更加重视企业资源。但是，企业资源学派没有进一步研究企业"黑箱"里存在的情况。换句话说，就是没有对企业资源的产生和积累过程进行深入研究，而这对企业竞争优势的研究尤为重要。当然，人们不能由此就否定企业资源学派在竞争优势理论中的核心地位，至少目前人们还无法挑战它的权威，其发展历程如图 2-4 所示。

① 黄群慧. 企业持久竞争优势探源：多重理论视角分析及其内在一致性 [J]. 工业企业管理，2004（3）.

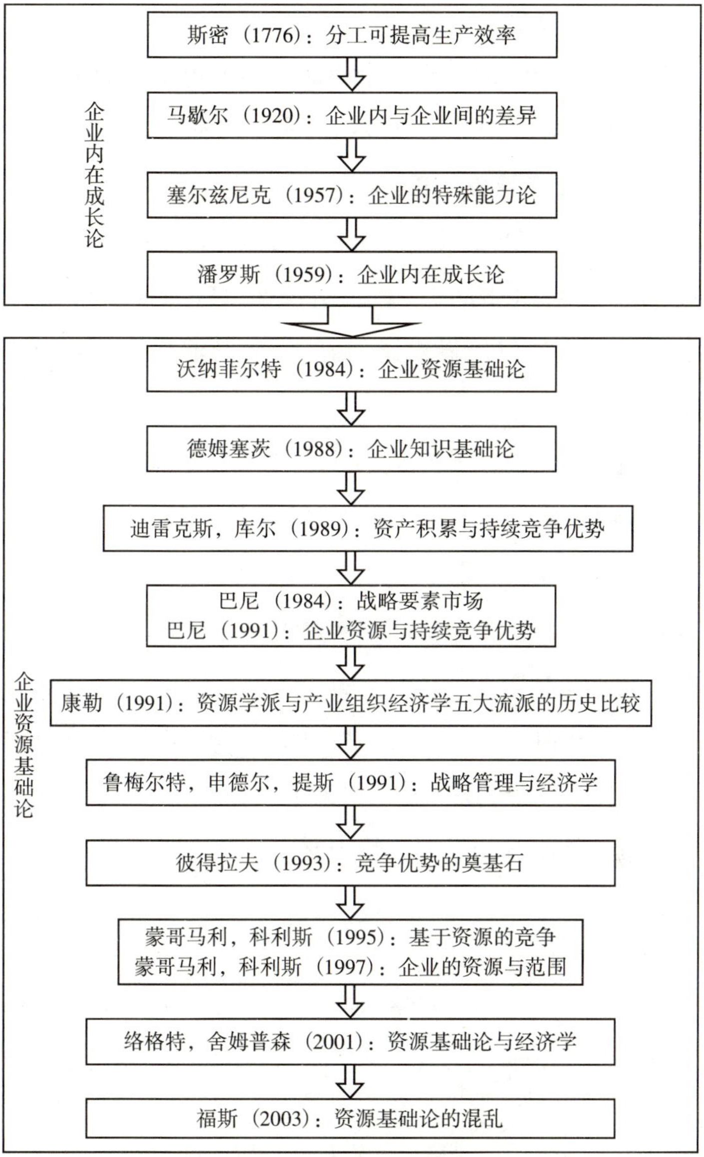

图 2–4 企业资源学派的演进历程

4. 企业能力学派

和企业资源学派一样，企业能力学派也主要受企业内在成长论的影响而产生，塞尔兹尼克（Selznick）、潘罗斯（Penrose）、理查德森（Richardson）、尼尔森（Nelson）和温特（Winter）、里普曼（Lippman）、哈默（Hamel）、匹斯安欧（Pisano）、舒恩（Shuen）、普拉哈拉德（Prahalad）等学者对该学派的产生和发展做出了贡献，[①②③] 其演化历程如图 2-5 所示。

塞尔兹尼克在其于 1957 年出版的《行政部门中的领导行为：一种社会学的理解》中提出了特殊能力论，这一理论可被视为“当代企业能力理论的重要先驱”。[④] 他认为企业内存在着自我积累的机制，企业依此积累而形成企业的核心能力。[⑤] 他强调了企业过去对企业当前行为的影响，这和潘罗斯的企业内在成长论是相似的，这种从企业的能力视角研究企业竞争优势的理论是当代企业能力理论的研究重点。

随着资源学派的发展，能力学派呼之欲出。1990 年普拉

---

① Penrose E. The growth of the firm: A case [J]. Business History Review, 1960, 34 (10).

② Richardson G. The organization of industry[J]. Economics Journal, 1972 (82).

③ Lippman S., Rumelt R. Uncertain imitability: An analysis of interfirm differences in efficiency under competition [J]. Bell Journal Economics, 1982 (13).

④ 尼古斯·福斯，克里斯第安·克努森. 企业万能：面向企业能力理论 [M]. 李东红译. 大连：东北财经大学出版社，1998.

⑤ Prahalad C. K., G. Hamel. The core competence of the corporation [J]. Harvard Business Review, 1990 (May-June).

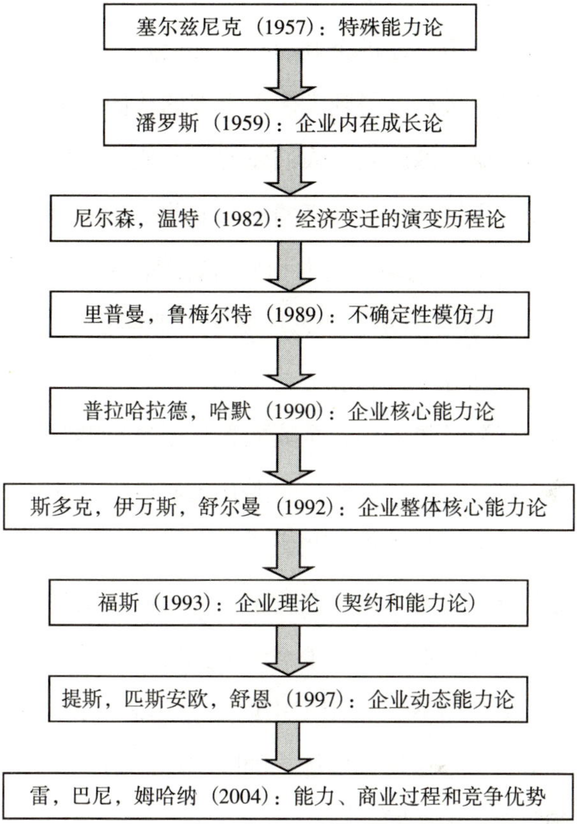

图 2-5　企业能力学派演化历程

哈拉德和哈默在《哈佛商业评论》（"Harvard Business Review"）上发表了《企业的核心能力》一文。该文章发表后，受到了企业界和理论界的热捧，与此相关的大量文献出现在各种期刊上，企业家也时常谈论企业核心能力，有力地推动了能力学派的发展。他们在该文中指出，核心能力是指"累积性的学识，特别是关于如何协调不同的生产技能和有机整合众多技术流的学识”;[①] 核心能力是企业竞争优势之根、之源，因而应大力培养企业的核心能力以促进企业的持续发展。如今，企业核心能力概念已经深入人心，得到大多数学者的认同。但是，随着对企业核心能力研究的深入，人们发现核心能力具有核心刚性。[②] 于是，提斯等人结合企业环境的动态变化于 1997 年在《战略管理杂志》上发表了 《动态能力和战略管理》一文，他们在该文中提出，动态能力是处于动态环境中企业的优势之源，[③] 从而在某种程度上弥补了核心能力的不足。

和企业资源学派一样，企业能力学派也遵循以下假设：企业是能力（资源）的集合体；企业是异质的；企业的能力（资源）是非完全流动的。在这些假设基础上，该学派认为企业能力特别是企业核心能力是企业竞争优势之源。实际上，资源学派和能力学派在企业保持竞争优势之源问题的基本逻辑认识上是一致的，只不过各自使用了不同的表述体系，但相比来说，企业资源学派关于保持竞争优势的隔绝机制的论述较经典，也得到大多数学者的认同。

---

① Prahalad C. K.，G. Hamel. The core competence of the corporation ［J］. Harvard Business Review，1990（May-June）.

② Leonard-Barton D. Core capabilities and core rigidities：A paradox in managing new product development ［J］. Strategic Management Journal，Summer Special Issue，1992（13）.

③ Teece D. J.，Pisano G.，Shuen A. Dynamic Capabilities and Strategic management［J］. Strategic Management Journal，1997，18（7）.

二、国内研究现状及评述

从查阅的国内文献来看，中国于1980年初正式引入国外企业竞争优势理论，在开始阶段主要以引进、翻译国外教材为主，如波特的《竞争战略》和《竞争优势》，尼尔森和温特的《经济变迁的演化理论》，科利斯和蒙哥马利的《公司的资源和范围》，约翰逊（Johnson）和斯科尔斯（Scholes）的《公司的战略教程》等，[①] 如今，这些书在国内已广泛传播。

从20世纪90年代后期至现在，更多的国外有关企业竞争优势理论的教材被引进中国，如福斯等的《企业万能》，坎贝尔和卢斯的《核心能力战略》，哈默和普拉哈拉德的《竞争大未来》，钱德勒（Chandler）的《企业规模经济和范围经济》等。

在引进和翻译国外教材的同时，国外有关企业竞争优势理论的权威杂志也被各高校和图书馆引进中国，如《战略管理杂志》（"Strategic Management Journal"）、《哈佛商业评论》（"Harvard Business Review"）、《加利福利尼亚管理评论》（"California Management Review"）、《斯隆管理评论》（"Sloan

① 格里·约翰逊，凯万·斯科尔斯. 战略管理［M］. 王军等译. 北京：人民邮电出版社，2004.

agement Review”）和《管理学杂志》（“Journal of Management”）等。

另外，中国学者也在不断地探索适合中国国情的企业竞争优势理论。如项保华于2003年已出版了《战略管理——艺术与实务》（第三版），芮明杰和余光胜于1999年出版《产业制胜》，康荣平与柯银斌于1999年出版《企业多元化经营》等。

而在各种期刊上发表的有关企业竞争优势理论的文章更是层出不穷。2015年12月12日，笔者在中国期刊网上，输入“企业竞争优势”关键词而搜查到的1990~2015年的文章就有5220多篇。这也从一个侧面说明，自20世纪90年代后期企业竞争优势理论已成为我国的热点问题，受到学术界和企业界的广泛和深切关注。

但是，在这些著作和在期刊上发表的论文中具有独特见解的并不多，大多停留在对国外文献的翻译和解说层面上。

研究企业竞争优势理论的老一代学者以南开大学的陈炳富、南京大学的周三多、上海交通大学的王方华等为代表，他们主要是从比较中外企业竞争优势理论的角度，引入国外先进理论，并深入挖掘中国古代优秀思想。新一代以复旦大学的项保华、芮明杰，华南理工大学的蓝海林，中国人民大学的徐二明，中山大学的毛蕴诗，南开大学的王迎军等为代表。更新一代学者以原南京大学的博士生蒋学伟、中山大学的贺小刚、浙江大学的郭斌、复旦大学的余光胜、南开大学的王永贵等为代表。这些学者代表对企业竞争优势理论进行研究的主要著作及观点有以下几项。

（一）项保华所做的研究

项保华于2003年出版了《战略管理——艺术与实务》（第三版），在该书中，他从解剖企业所创造的产品总价值入手，阐明了企业竞争优势及持续竞争优势的概念，并以此为基础，提出了提升企业竞争优势的“增加顾客认识利益、降低企业成本支出、减少耗散价值损失”三大措施。[①]

应当说，项保华是国内少有的几个对企业竞争优势理论具有独特见解，并力图建立自己的理论体系的学者，因而他提出的培育企业竞争优势的理论有实务性导向。

（二）芮明杰所做的研究

芮明杰在企业竞争优势理论研究方面的代表作主要有《产业制胜》。在该书中，他提出了企业可持续发展的基本条件是核心能力、长期竞争优势与创新；认为企业的核心能力是企业取得竞争优势的前提，企业的基本问题是核心能力的开发、发展、维护和再创，核心能力的维持和创新要依赖企业的创新。[②]芮明杰对企业竞争优势的理论具有自己的见解，是中国中青年学者的代表。

---

① 项保华. 战略管理——艺术与实务［M］. 上海：复旦大学出版社，2003.

② 芮明杰，余光胜. 产业制胜——产业视角的企业战略［M］. 杭州：浙江人民出版社，1999.

（三）蒋学伟所做的研究

蒋学伟于 2002 年出版了其竞争优势理论的代表著作——《保持竞争优势》，这本书是以他在南京大学所撰写的博士论文《持续竞争优势研究》为基础修改而成的。他认为企业可持续竞争优势的关键源于企业所处的产业环境、企业所拥有和控制的资源及持续性创新，而且这些要素是作为一个整体而存在的。在静态环境中，持续竞争优势主要源于企业战略资源；而在动态环境中，则来自持续性创新。[①]

蒋学伟在具体分析企业持续竞争优势的各要素时进行了局部创新，并在此基础上提出了系统的观点，得到复旦大学芮明杰的高度评价。

（四）郭斌所做的研究

郭斌于 2003 年出版了《基于核心能力的企业竞争优势理论》。在该书中，他认为企业竞争优势的研究可概括为三个方面：什么给企业带来了竞争优势；竞争优势的"源"与企业竞争绩效之间存在怎样的关联；企业的竞争优势应满足什么条件才是可保持的。[②]

郭斌从企业竞争优势的来源、"内在逻辑"及可保持性三

① 蒋学伟. 保持竞争优势［M］. 上海：复旦大学出版社，2002.
② 郭斌. 基于核心能力的企业竞争优势理论［M］. 北京：科学出版社，2003.

个方面高度概括了企业竞争优势的基本问题，简洁明了，便于人们系统地研究企业竞争优势理论。

（五）余光胜所做的研究

余光胜与芮明杰于1999年合著了《产业制胜》，并于2002年在《经济管理》杂志上发表了《企业竞争优势根源的理论演进》一文，他通过逐层剥离得出企业竞争优势源于企业的知识，尤其是企业的隐性知识。①

余光胜虽然通过综合分析得出企业的竞争优势之源，但这一理论更多的是停留在理论的分析层面，难以指导实践。

从上述对国内外文献的分析来看，经济学理论的企业内在成长论是企业竞争优势理论的内在基础和重要基石；主要是从企业的内在角度研究企业竞争优势理论，其演化理论有助于加深这一理论的研究。

从40多年的演化历程看，战略研究企业竞争优势理论视角的转变经历了这样一个过程，即由企业内外视角（战略规划学派）到企业外部视角（产业结构学派），再转到企业内部视角（资源基础论、企业能力论）；主要集中于企业的资源或能力视角对企业竞争优势来源和培育理论进行研究。

通过上述国内外关于企业竞争优势来源和培育理论研究文献的综述可以看出，企业竞争优势的概念本身获得性相当低，

① 余光胜. 企业竞争优势根源的理论演进［J］. 经济管理，2002（20）.

而且很少有学者从企业惯例视角对企业竞争优势的来源和培育进行研究。

但是，企业竞争优势的概念本身获得的关注“令人吃惊地少，而且非常混乱”，而且很少有学者从企业惯例视角对企业竞争优势的来源和培育进行研究。

因此，本书在基本界定企业竞争优势概念的基础上，结合中国国情，尝试着从企业惯例视角探寻中国企业培育自身竞争优势的基本途径。

三、本章小结

本章综述了企业竞争优势的相关研究文献。首先，从经济学的视角，分两个方面（企业成长理论和新制度经济学理论）阐述了国外学者对企业竞争优势所做的研究；其次，从战略管理学的视角，分四个方面（战略规划学派、产业结构学派、企业资源学派和企业能力学派）论述了国外对企业竞争优势所在的研究；最后，对国内学者对企业竞争优势所做的研究进行阐述。

通过论述国内外学者对企业竞争优势所做的研究，为下文提出企业竞争优势的培育对策提供思路借鉴。

|第三章|

企业竞争优势相关理论

一、企业社会责任理论的缘起与发展

梳理和归纳现有文献后，可从企业社会责任（Corporate Social Responsibility，CSR）概念的演进历程中，洞悉其理论的发展轨迹。因此，本章从企业社会责任概念的演变视角，阐述其研究进展。

一般认为，企业社会责任概念是由 Oliver Sheldon 于 20 世纪 20 年代在其著述的《管理的哲学》一书中正式提出的，[①] 时

① 张志强，王春香. 西方企业社会责任的演化及其体系［J］. 宏观经济研究，2005（9）.

至今日，企业社会责任仍然是理论界、企业界和非营利组织争论和追捧的一个热门词汇。

然而，企业社会责任的概念迄今还没有一个被普遍接受的定义，究其主因有二：一是人们对企业社会责任的研究视角不同；二是全球经济的发展和环境的深刻变化，客观上导致企业社会责任的内涵和外延不断发生变化。Vtoaw 认为企业社会责任是“一个精妙的词汇”，其在不同人的心目中又有不同的意涵；[①] 正是因为这种模糊性，企业社会责任才获得了更多的“追捧”。[②] 梳理和归纳现有文献后可发现，企业社会责任概念演进的历程如下：企业社会责任的缘起—企业社会责任（CSR1）—企业社会回应（CSR2）—企业社会表现（CSR3）。[③]

（一）企业社会责任的缘起

追根溯源，有关商人的社会责任思想缘起于古希腊时代。[④] 在某种程度上，这些孕育于古代社会的商人社会责任观被看作

① Votaw D. Genius becomes rare in the corporate social dilemma: Traditional values and contemporary problems [M]. London: Cavendish Publishing Limited, 1975.

② Stone Christopher D. Where the law ends [M]. New York: Harper Colophon Books, 1975.

③ 为了区分企业社会责任、企业社会回应和企业社会表现三个概念，按照学术惯例，企业社会责任简称为 CSR1。此外，为避免混淆这三个概念，在第二章的正文中没有使用这三个词语的简称（CSR1、CSR2、 CSR3）。

④ 沈洪涛，沈艺峰. 公司社会责任思想起源及演变 [M]. 上海：上海人民出版社，2007.

是当代企业社会责任观的萌芽状态，为后续学者研究企业社会责任提供了充足的“精神食粮”。[①]

20 世纪 20~70 年代，学者们就企业社会责任的“正当性”（Legitimacy）产生了两次大的争论。第一次是发生于 20 世纪 30~50 年代的 Dodd 和 Berle 之间，关于管理者受托责任的争论，[②] 其争论的焦点为：企业管理者是否只对股东负责？企业经营是否应追求股东利益最大化而不应考虑其他？Berle 认为“股东利益至上”，因而其利益理应优先被考虑。[③] Dodd 支持企业社会责任思想，认为企业在考虑股东利益之外，也应考虑其他社会利益；企业管理者不仅只对股东负责，还应对消费者、员工和公众负责。[④] 第二次是发生于 20 世纪 60 年代的 Berle 和 Manne 之间，关于现代公司作用的争论，[⑤] 其争论的焦点不再是“企业该不该承担社会责任”，而是“企业该承担哪些社会责任”。[⑥] Berle 认同 Dodd 的观点，认为企业管理者除了对股东负责之外，还要对其他利益相关者负责。[⑦] Manne 则认为企业

---

①⑥ 李建升. 企业文化与企业关联机制研究：企业社会责任视角［D］. 浙江大学博士学位论文，2008.

②⑤ 沈洪涛，沈艺峰. 公司社会责任思想起源及演变［M］. 上海：上海人民出版社，2007.

③ Berle A. A. Corporate powers as powers in trust［J］. Harvard Business Review，1931，44（7）.

④ Dodd E. M. For whom are corporate managers trustees?［J］. Harvard Business Review，1932，45（7）.

⑦ Berle A. A. Modern functions of the corporate system［J］. Columbia Law Review，1962，62（3）.

过多地从事非利润最大化的活动，不利于企业的生存与发展。[①] 另外，该时期著名的经济学者 Friedman 和哈耶克都认为企业应该追求利润最大化，只对股东负责。[②③]

经由上述分析我们可以看出，对企业社会责任持“反对观点”的学者本质意愿并不是反对企业承担社会责任，只不过他们认为企业有且只有一种责任——追求企业利益最大化，其思想来源可追溯至 Adam Smith 的“经济人”和“国富论”。可以说，早期企业社会责任观念是在与古典经济观念争辩的过程发展起来的，而企业社会责任思想争辩的关键议题就是这两种观念的争锋。[④] 实际上，在早期，企业经济责任与企业社会责任的区分，一直是企业社会责任思想和观念争论的焦点问题；此种区分使得企业社会责任理论得以提出和构建，也是“早期传统理论的信奉者和企业社会责任的倡导者之间开展‘对话’的出发点”。[⑤]

① Manne H. G. The “higher criticism” of the modern corporation [J]. Columbia Law Review, 1962, 62 (3).

② Friedman M. The social responsibility of business is to increase its profits [N]. The New York Times, 1962 -09-09.

③ Hayek F. A. The corporation in a democratic society: In whose interest ought it and will it be run? [J]. In Ansoff, H. I. (ed), Business and Society [C]. Harmondworth, 1969.

④ 尹钰林. 企业社会责任前置因素及其作用机制研究 [D]. 南开大学博士学位论文，2010.

⑤ 卢代富. 国外企业社会责任界说述评 [J]. 现代法学，2001 (3).

（二）企业社会责任

以 20 世纪 70 年代为分界点，以前的企业社会责任的定义大多从商人的角度，探讨其涵盖的范围。这一时期，主要代表人物有 Bowen（1953）、Davis（1960）、Frederick（1960）和 Walton（1967）等。

Bowen 于 1953 年出版了著作《商人的社会责任》（"Social Responsibilities of the Businessman"），在该书中，他将其界定为"商人有义务按照社会期望的目标和价值观来制定政策、进行决策或采取行动"。[①] Carroll 给予了 Bowen 很高的评价，认为他是开创现代企业社会责任概念研究的创始者，理应被称为"企业社会责任之父"。[②] Bowen 的研究引发了更多学者对企业社会责任概念的研究，Davis 进一步将商人的社会责任界定为"商人在决策和采取措施时，至少应部分地考虑企业直接的经济和技术利益之外的利益"。[③] 同时，Davis 提出了众所周知的"责任铁律"，也即"商人的社会责任与他们的社会权利相对称"。[④] Frederick 认为社会责任意味着商人从事经济体系的业务需要考虑满足公众的期望，以此使得经济采用的生产方式通过

---

① Bowen H. R. Social responsibilities of the businessmanp [M]. New York: Harper & Row, 1953.

② Carroll A. B. Corporate social responsibility evolution of a definitional construct [J]. Business & Society, 1999, 38 (3).

③④ Davis K. Can business afford to ignore social responsibility? [J]. California Management Review, 1960, 2 (4).

生产和分配环节来增加整个社会的经济福利。① Walton 认为：企业与相关群体追求其各自目标时，其企业的管理者应该关注企业与社会之间的联系。②

20 世纪 70 年代以后，理论界基本上以企业作为主体，探讨企业社会责任的概念，代表机构有美国经济发展委员会（CED），主要代表人物有 Carroll、Johnson 等。CED 于 1971 年发表了《上市公司的社会责任》，在该报告中，CED 列举了 10 个方面 58 种企业社会责任行为。CED 将企业社会责任的范围界定为三个方面，由内向外形成三个同心圆，其中内圆圈责任是指有效的、非常清晰的经济责任，它是企业存在的根本目的；中间圆圈责任是指通过获悉社会价值观及其顺序来有效履行其经济功能，如劳资关系、顾客的期望和环境问题等；外圆圈责任是指最新出现但尚未确定的责任，如城市衰退、贫困等社会问题，企业应积极地投入社会环境活动中去。③ CED 对企业社会责任进行了外延式的界定，有利于明晰其履行的范围。

在企业责任概念范畴内，Johnson 和 Carroll 等学者通过比较企业的社会责任，明确了企业应该履行哪些责任，以此来界定其内涵。Johnson 认为企业履行社会责任要考虑企业的员工、

---

① Frederick W. C. The growing concern over business responsibility [J]. California Management Review，1960（2）.

② Walton C. C. Corporate Social Responsibilities [M]. Belmont C. A：Wadsworth，1967.

③ Committee for Economic Development. Social responsibilities of business corporations [M]. New York：Author，1971.

供应商、交易商、社区与国家等利益相关者主体。[①] Carroll 于 1979 年发表了"企业社会表现的三维概念模型"一文，在该论文中他将企业社会责任界定为"社会于某一时刻上对组织在经济、法律、伦理和慈善方面的期望"。[②] 此外，在该论文中，Carroll 认为企业要履行的社会责任包括四个部分：一是企业经济责任，它是企业所应承担的最基本的责任；二是企业法律责任，即企业必须强制履行的责任；三是企业伦理责任，即非法律规定的、社会希望企业遵守的社会行为规范；四是企业的自愿责任，即企业根据自身的情况自愿承担的责任，Carroll 于 1991 年将该责任界定为慈善责任。[③④] Carroll 还认为四个层次的责任内容是由多个维度构成的，从第一个层次到第四个层次的比例大致是 4：3：2：1。Carroll 提出的这个"企业社会表现的三维概念模型"受到人们的广泛引用，它进一步明晰了企业履行社会责任的范畴。

上述观点和定义围绕"企业应该履行哪些社会责任"这个主题展开，基本上都强调了企业在关注自身利益之外，要考虑自身行为所产生的影响。这为后来学者研究企业社会责任提供了良好的理论支持和借鉴思路，同时也为其履行指明了大致方

---

① Carroll A. B. Corporate social responsibility evolution of a definitional construct [J]. Business & Society. 1999, 38 (3).

②④ Carroll A. B. A three-dimensional conceptual model of corporate performance [J]. Academy of Management Review, 1979, 4 (4).

③ Carroll A. B. The Pyramid of corporate social responsibility: Toward the moral management of organization stakeholders [J]. Business Horizons, 1991 (34).

向，但尚未解决企业应该如何具体履行责任这一关键问题。

（三）企业社会回应

第二次世界大战之后，世界环境相对稳定，大部分国家“休养生息”，集中自身的精力发展经济。到 20 世纪 60 年代，许多国家和联合体的经济发展突飞猛进，如美国、德国、日本和“亚洲四小龙”（韩国、中国台湾、新加坡和中国香港）。然而，经济发展的同时，自然环境保护、劳工争取自身权利等社会责任运动日益增多，企业利益与社会利益之间的矛盾日渐显现；加之社会对企业期望的提升与现实差距的矛盾使企业社会责任问题更加凸显。

在上述背景下，企业社会回应思想和概念适时出现，其主要探讨企业作为社会环境中的“演员”，如何应对社会压力与如何履行社会责任，即“如何做”的问题。主要代表人物有 Ackerman（1973，1976）、Preston 和 Post（1975）、Sethi（1975）、Frederick（1978，1994）、Carroll（1979）、Wartick Cochran(1985)、Epstein（1987）和 Wood（1991）等。

Ackerman 被普遍认为是最早提出企业社会回应概念和思想的学者。他于 1973 在《哈佛商业评论》（“Harvard Business Review”）上发表了“企业如何响应社会需求”一文。在该文中，他将企业回应社会需求分为“三个阶段”，第一阶段为识别阶段，第二阶段为负责阶段，第三阶段为参与阶段。[①] 1976年，Ackerman和Bauer出版了专著《企业社会回应：现代的困境》。在该书中，他们对企业社会责任和企业社会回应做出了较好的区分，认为响应社会需求远不只是决定做什么，还有怎样去做的问题，而企业社会责任强调的是企业的动因。[②]

Preston和Post于1975年出版了专著《私人管理与公共政策》，在该书中，他们对企业社会回应思想进行了较全面的阐述。他们认为，对于企业面临“困境”的处理应该重点考虑企业与社会互动过程的两个主要方面：一是私人管理过程，二是公共政策过程，这两个方面的相互联系要求企业“社会参与”。[③] Preston和Post认为企业社会责任是“未经界定的概念”，缺乏相应的内容，没有对企业管理者履行责任的范围进行界定。[④⑤] 应当说，他们所提出的企业社会回应思想备受学者们的关注，推动了企业社会责任思潮进一步发展。

企业社会回应思潮的出现，引起了学者们的争议。其争论的核心是：企业社会回应概念是否可替代企业社会责任概念？

---

① Ackerman R. W. How companies respond to social demands [J]. Harvard Business Review, 1973, 51 (4).

② Ackerman R. W., Bauer R. A. Corporate social responsiveness: The modern dilemma [M]. Reston Publishing Company, 1976.

③⑤ Preston L. E., Post J. E. Private management and public policy [M]. Prentice-Hall, Inc., 1975.

④ Preston和Post用公共责任替代企业社会责任，该责任与公共政策存在密不可分的关联。

以 Sethi（1975）和 Frederick（1978，1994）为代表的学者认为企业社会回应概念推动企业社会责任概念迈入了“第二阶段”，因而企业社会回应概念可以替代它。① Sethi 将企业社会回应战略类型分为以下四种：主动型（Proactive）、适应型（Accommodative）、防御型（Defensive）和对抗型（Reactive），② 该分类对后来的学者研究企业与社会关系产生了很大的影响。Frederick 于 1994 年在《商业与社会》（“Business and Socieity”）杂志上发表了论文“从 CSR1 至 CSR2：企业与社会思想的成熟”，③ 这也是企业社会回应领域内一篇较经典的论文。可从三个方面概括 Frederick 这篇学术论文的主要内容和学术贡献。一是 Frederick 认为企业社会回应是指“企业回应社会压力的能力”，这就比较清晰地界定了该概念。④ 二是 Frederick 认为企业社会责任侧重解答“为什么”等问题，⑤ 企业社会回应是“企业响应社会压力的能力”，将企业社会回应与企业社会责任区分开来。此外，他认为企业社会回应强调企业管理者与社会的关系，更加强调管理特性和实践操作性。因此，他将企业社

---

①⑤ 沈洪涛，沈艺峰. 公司社会责任思想起源及演变［M］. 上海：上海人民出版社，2007.

② Sethi S. P. Dimensions of corporate social performance：An analytical framework［J］. California Management Review，1975，17（3）.

③ 1978 年，Frederick 的这篇论文就以匹兹堡大学研究生院论文工作稿的形式，在学术圈内受到极大的关注。

④ Frederick W. C. From CSR1 to CSR2 ［J］. Business and Society，1994，33（2）.

会责任简称为 CSR1，将企业社会责任简称为 CSR2。[①] 三是 Frederick 指出“企业社会回应概念的提出标志着企业社会责任概念的转变”,[②] 该转变为研究企业与社会关系提供了一个更好的平台。

实际上，从企业社会响应与企业社会责任的区分和界定来看，这两者的研究是“一个问题的两个方面”，并不能相互替代。Epstein（1987）、Carroll（1979）、Wartick 和 Cochran（1985）与 Wood（1991）等并不认同 Sethi（1975）和 Frederick（1978，1994）提出的这个观点：企业社会回应概念可以取代企业社会责任概念。相反，他们认为这两个概念“各有侧重，却同等重要”[③]。

1987 年，Epstein 把企业伦理、企业社会责任与企业社会回应看作是企业社会表现的三大类概念，并构建了“企业社会政策过程框架”。[④] 1979 年，Carroll 认为企业社会回应与企业社会责任是并列的，因而前者不能替代后者。[⑤] 1985 年，Wartick 和 Cochran 认为企业社会回应强调企业的具体行为和过程，以

①② Frederick W. C. From CSR1 to CSR2 [J]. Business and Society，1994，33（2）.

③ 沈洪涛，沈艺峰. 公司社会责任思想起源及演变 [M]. 上海：上海人民出版社，2007.

④ Epstein E. M. The Corporate social policy process：Beyond business ethics，corporate social responsibility，and corporate social responsiveness [J]. California Management Review，1987，29（3）.

⑤ Carroll A. B. Corporate social responsibility evolution of a definitional construct [J]. Business & Society. 1999，38（3）.

及企业对社会压力的回应，是短期的行为；因此，用企业社会回应替代企业社会责任会弱化对企业伦理的重视。[①] Wood (1991) 认为企业社会回应包括“环境评估、利益相关者管理和问题管理”三个方面，它为企业做出相应的行动指明了方向。[②]

考虑到企业社会责任概念的“模糊性和规范性”，学者们希望找到一个可以替代它的概念，因而创造出了企业社会回应这一概念，[③] 并使其具有管理特性和行动导向。但是 Frederick 认为 CSR2 偏离了企业与社会研究的规范问题，缺少道德维度，因此需要出现一个新的概念（CSR3）来整合企业社会责任与企业社会回应这两大概念，以此“将 CSR2 包含的管理维度和 CSR1 包含的道德维度结合起来”。[④]

（四）企业社会表现

从理论角度讲，企业社会回应与企业社会责任只是企业社会责任概念体系的两个维度，不能替代企业社会责任，因此，这就要求企业社会责任概念需要得到补充、完善或全新的发展。另外，从实践角度上说，企业在生存和发展的过程中与社会的各种矛盾也呼唤一种新的思想出现。企业社会表现（Cor-

---

① Wartick S. L., Cochran P. L. The evolution of the corporate social performance model [J]. Academy of Management Review, 1985, 10 (4).

② Wood D. J. Corporate social performance revisited [J]. The Academy of Management Review. 1991, 16 (4).

③④沈洪涛，沈艺峰. 公司社会责任思想起源及演变 [M]. 上海：上海人民出版社，2007.

porate Social Performance）就是在此情况下诞生的，并成为 20 世纪 80 年代之后企业社会责任研究的主流，以 Carroll（1979）、Wartick 和 Cochran（1985）、Wood（1991）及 Swanson（1995）等的研究为代表，在他们的文章中，企业社会表现被认为是“企业行为的结果”。[①]

1975 年，Preston 和 Post 在其著述的《私人管理与公共政策》一书中最早提出企业社会表现的思想，论述了社会责任原则、回应过程和政策结果等方面的内容，但没有给出企业社会表现的定义。[②] 同年，Sethi 认为企业社会责任需要一个新的“结构框架”，以此 “定义与衡量”企业社会表现的维度，于是，他提出了一个企业社会表现的结构框架，该框架整合了企业社会义务、企业社会责任和企业社会回应三个方面，但当时没有成为可接受的理论范式。[③]

Carroll 于 1979 年在《管理学会评论》（“Academy of Management Review”）杂志上发表的论文——“企业社会表现的三维概念模型”中构建了企业社会表现的第一个框架模型，该论文和模型至今仍然是企业社会责任研究领域的经典。Carroll 在该文中指出：企业社会责任、社会问题管理和社会回应构成了

① Wood D. J. Corporate social performance revisited [J]. The Academy of Management Review, 1991, 16 (4).

② Preston L. E., Post J. E. Private management and public policy [M]. Prentice-Hall, Inc., 1975.

③ Sethi S. P. Dimensions of corporate social performance: An analytical framework [J]. California Management Review, 1975, 17 (3).

企业社会表现的三个维度：一是企业社会责任，它主要包括“四大责任”;[①] 二是社会问题管理，主要包括对产品安全、职业安排和种族歧视等方面问题的管理；三是企业社会回应，主要包括 Sethi 于 1975 年提出的四种回应战略：主动型（Proactive）、适应型（Accommodative）、防御型（Defensive）和对抗型（Reactive）回应战略。[②] Carroll 提出的这个“三维概念模型”为“企业社会责任从狭义的公司社会责任、企业社会回应到企业社会表现提供了一座过渡的桥梁”,[③] 并克服了“企业社会责任含糊性和单项思维的局限”;[④] 此外，该概念模型为后来的学者从事企业社会责任与企业绩效的实证研究提供了理论指导。应当说，Carroll 在此方面的研究极大地促进了企业社会责任研究的进展。

实际上，Sethi 的“结构框架”和 Carroll 的“三维概念模型”都未清晰界定企业社会表现这个概念，这一问题在 Wartick 和 Cochran 的研究中得到了解决。Wartick 和 Cochran 于 1985 年在《管理学会评论》(“Academy of Management Review”) 杂志上发表了《企业社会表现概念模型的演化》一文，在该文

---

① 这“四大责任”为：经济责任、法律责任、伦理责任和自愿责任。

② Carroll A. B. A Three-dimensional conceptual model of corporate performance [J]. Academy of Management Review, 1979, 4 (4).

③ 沈洪涛，沈艺峰. 公司社会责任思想起源及演变 [M]. 上海：上海人民出版社，2007.

④ 李建升. 企业文化与企业关联机制研究：企业社会责任视角 [D]. 浙江大学博士学位论文，2008.

中，提出了一个对企业社会表现理解的概念模型（见表 3-1），较好地界定了该概念。[①]

表 3-1　Wartick 和 Corhran 的模型

原则	过程	政策
企业社会责任：	企业社会回应：	社会问题管理：
经济责任	对抗型	问题确认
法律责任	防御型	问题分析
伦理责任	适应型	形成回应
自愿责任	主动型	
针对：企业的社会契约，企业是一个道德载体	针对：环境变化的回应能力，拟定回应对策的管理方法	针对：尽可能避免“意外事件”，决定有效地处理社会问题的政策
哲学导向	制度导向	组织导向

资料来源：Wartick S. L.，Cochran P. L. The evolution of the corporate social performance model [J]. Academy of Management Review，1985，10（4）.

该概念模型将企业与社会领域的理念导向、制度导向和组织导向三大主导方向结合在一起，推动了企业社会责任理论的发展。将 Carroll 的“三维概念模型”与 Wartick 和 Cochran 的概念模型进行比较，可以看出 Wartick 和 Cochran 的模型发展了 Carroll 的模型框架，Carroll 的“三维概念模型”中只列出相关社会问题，而 Wartick 和 Cochran 的模型中则列出了关于社会问题管理的三个逻辑一致的步骤。Wartick 和 Cochran 的概念模型反映了企业社会表现的变化趋势，同时融合了之前企业社会表现的研究成果，是关于“企业与社会关系思考的一个

① Wartick S. L. and Cochran P. L. The evolution of the corporate social performance model [J]. Academy of Management Review，1985，10（4）.

概念上的进步”。[①]

Wood 认为 Wartick 和 Cochran 与 Carroll 的企业社会表现概念模型存在不足，于 1991 年在《管理学会评论》（“Academy of Management Review”）和《管理学刊》（“Journal of Management”）杂志上发表了两篇以企业社会表现为主题的学术论文。[②③] Wood 对 Wartick 和 Cochran 提出的企业社会表现的概念模型包含的三个维度进行了修正（见表 3-2）。第一维度（企业社会责任原则）的修正：Wood 没有反对 Carroll 和 Wartick、Cochran 关于企业社会责任包含“四个层次责任”的观点，认为该观点属于哲学理念范畴；进而 Wood 认为社会责任原则包括制度原则、组织原则和个人原则三个方面，其中制度原则与合法性关联，组织原则与公共责任关联，个人原则与自愿责任关联。[④] 第二维度（社会回应过程）的修正：Wood 将 Wartick 和 Cochran 的企业社会表现的概念模型中的第三个维度（社会问题管理维度）纳入其概念模型中的第二个维度（社会回应过程维度），并与利益相关者管理、环境分析一起作为第二个维度的核心内容。[⑤] 第三维度的修正：Wood 将企业行为结果作为其模型中的第三个维度（企业行为的社会影响、社会项目和社会政策），修正了该维度；相对于前两个维度的修正，Wood 对

①② Wood D. J. Corporate social performance revisited [J]. The Academy of Management Review, 1991, 16 (4).

③④⑤ Wood D. J. Social issues in management: Theory and research in corporate social performance [J]. Journal of Management, 1991, 17 (2).

Wartick 和 Cochran 概念模型中的第三个维度修正的幅度最大。[①] 经过上述修正后，Wood 较好地界定了企业社会表现的概念，指明了它涵盖的范围。与 Carroll 和 Wartick、Cochran 的企业社会表现的概念模型相比，Wood 的概念模型突出强调了观察和衡量企业社会表现的重要性，为后续的实证研究提供了理论指导，进一步促进了企业社会责任理论研究的发展。

表 3-2　Wood 的重构模型

企业社会责任原则	企业社会回应过程	企业行为结果
制度原则——合法性	环境分析	社会影响
组织原则——公共责任	利益相关者管理	社会项目
个人原则——自我管理	问题管理	社会策略

资料来源：Wood D. J. Social issues in management：Theory and research in corporate Social performance [J]. Journal of Management，1991，17 (2).

二、利益相关者理论的研究

（一）利益相关者的概念

利益相关者（Stakeholder）一词最早出现在斯坦福研究院

① Wood D. J. Social issues in management：Theory and research in corporate social performance [J]. Journal of Management，1991，17 (2).

(Stanford Research Institute) 的内部备忘录中。[①] 时至今日，学者们对利益相关者概念的界定尚无定论。我们可从狭义概念和广义概念两个方面论述其内涵。[②]

1. 狭义概念

利益相关者的狭义概念从利益相关者的一个或几个特性方面对其进行界定，较符合企业实践活动的现实，它“主要建立在规范性原则上，强调的是少数具有合法性的个人或群体”，[③] 其主要代表机构和人物有：斯坦福研究院、Carroll、Clarkson 、Mitchell 与陈宏辉。

斯坦福研究院作为一个机构，最早提出了利益相关者概念，其将利益相关者概念界定为与组织存在有密切关系的群体。[④] 由此可以看出，斯坦福研究院指出了利益相关者与企业有着重要的利害关系，Carroll 也有类似的观点。Carroll 认为利益相关者是在企业中进行了一定的投资、能够影响企业或被企业影响的个人或群体。[⑤] 斯坦福研究院与 Carroll 虽然对利益相关者的范围进行了限定，但是很难把握利益相关者的特性；具体到企业来说，难以区分与企业利益密切相关并对企业影响巨大的利益相关者。于是，Clarkson 和 Mitchell 等通过对利益相

①④ 爱德华·弗里曼，杰弗里·哈里森，安德鲁·威克斯，拜德安·帕尔马，西蒙娜·科莱. 利益相关者理论现状与展望 [M]. 盛亚，李靖华等译. 北京：知识产权出版社，2013.

②③ 沈洪涛，沈艺峰. 公司社会责任思想起源及演变 [M]. 上海：上海人民出版社，2007.

⑤ Carroll A.B. Business and society：Ethics and stakeholder management [M] . Cincinnati：South-Western，1993.

关者进行科学分类的方法，将利益相关者概念涵盖的范围缩小。陈宏辉在国内研究利益相关者理论的学者中较突出，他在系统研究利益相关者概念的基础上，对利益相关者概念进行了较好的界定，[①] 得到国内学者的广泛认可。

2. 广义概念

利益相关者的广义概念“主要是建立在描述的基础上，它强调的是公司现实生活中最终受影响的那些个人或群体，而无论这些个人或群体是否具有合法的权利”。[②] Freeman、Clarkson、Donaldson 和 Preston 等学者是这方面的代表性人物。利益相关者理论的奠基性学者——Freeman 也给出了利益相关者定义，他在 1984 年出版的专著《战略管理：一种利益相关者的方法》中认为：“利益相关者是能够影响组织目标实现，或者为组织目标实现过程所影响的个人或集团。”[③] Freeman 的这一定义受到极大的关注并被广泛引用，已成为利益相关者最典型的广义观念。Clarkson 认为利益相关者是在企业及其一切的行为中能够拥有或主张权益者。[④] 他的这一广义概念与其他学者的看法基本一致。Donaldson 和 Preston 对利益相关者界定的看法更宽泛，他们认为利益相关者是“能够影响公司或受到公司

---

① 因在第一章中叙述了陈宏辉的利益相关者概念，这里不再赘述，下同。

② 沈洪涛，沈艺峰. 公司社会责任思想起源及演变［M］. 上海：上海人民出版社，2007.

③ Freeman R.E. Strategic management：A stakeholder approach［M］. Boston，MA：Pitman，1984.

④ Clarkson M. A stakeholder framework for analyzing and evaluating corporate social performance［J］. Academy of Management Review，1995，20（1）：92-117.

影响的个人或群体”。[①] 将 Freeman、Clarkson、Donaldson 和 Preston 各自界定的利益相关者概念进行比较，可以发现 Clarkson、Donaldson 和 Preston 在利益相关者概念的认识上与 Freeman 大同小异，他们三位基本上认同了 Freeman 的利益相关者概念。

综上所述，利益相关者的广义概念“虽然具有含义宽泛、包容一切的优点，但它同时也不可避免地存在一些关于观念的通病，即难以精确定量”；[②] 并且这种宽泛的定义使得利益相关者包括的范围太大，甚至可以包括过去、现在与将来所有的事物，[③] 因此使得学者难以对其进行定量化的研究，在一定程度上阻碍了其在企业中的实际应用；但是，我们并不能由此否定其在利益相关者理论演进历程作为“使者身份”所起到的作用。

（二）利益相关者的分类

20 世纪 90 年代，学者们对利益相关者的分类研究有力地促进了利益相关者理论的发展，也使得利益相关者理论与企业社会责任思想得到了较好的结合。Clarkson、Mitchell、Wood

① Donaldson T., Preston L. E. The stakeholder theory of the corporation: Concepts, evidence, and implications [J]. Academy of Management Review, 1995, 20 (1).

② 沈洪涛，沈艺峰. 公司社会责任思想起源及演变 [M]. 上海：上海人民出版社，2007.

③ 陈宏辉. 企业的利益相关者理论与实证研究 [D]. 浙江大学博士学位论文，2003.

和中国学者陈宏辉是这方面的代表人物。

Clarkson 于 1995 年根据利益相关者与企业的关系，运用多维细分法的范式，将利益相关者区分为两大类：即首要利益相关者（Primary Stakeholder）与次要利益相关者（Secondary Stakeholder）。Clarkson 对利益相关者的区分为后续学者对利益相关者分类的研究提供了思路借鉴。[①] Mitchell 等在多维细分法的基础上，于 1997 年提出了属性分类法（后人称为米切尔评分法），他们根据利益相关者的合法性（Legitimacy）、权力性（Power）与紧急性（Urgency）三个属性，将利益相关者区分为三类：一是确定型利益相关者，二是预期型利益相关者，三是潜在型利益相关者；每一类中又包括若干种利益相关者。[②] 米切尔评分法一经提出，就受到学者们的极大关注，为后续学者对利益相关者进行界定与分类提供了思路借鉴，推动了利益相关者理论的发展与应用。

特别值得一提的是，在众多研究利益相关者理论的学者中，陈宏辉是其中的佼佼者，他对利益相关者的界定和分类的研究见解独特，其研究成果集中体现在他的博士论文中。博士毕业后，他将其研究成果发表在《经济研究》等权威期刊上。[③]

① Clarkson M. A stakeholder framework for analyzing and evaluating corporate social performance [J]. Academy of Management Review, 1995, 20 (1).

② Mitchell R. K., Agle B.. R, Wood D. J. Toward a theory of stakeholder identification and salience: Defining the principle of who and what really counts [J]. Academy of Management Review, 1997, 22 (4).

③ 陈宏辉，贾生华. 企业利益相关者三维分类的实证分析 [J]. 经济研究，2004 (4).

应当说，陈宏辉在这方面的研究为利益相关者理论的发展做出了一定的贡献。[①] 陈宏辉借鉴了多维细分法与米切尔评分法的思想，从利益相关者的合法性、权力性和紧急性三个属性视角，通过实证研究，也将企业利益相关者区分为三类：一是核心利益相关者，二是蛰伏利益相关者，三是边缘利益相关者。[②③] 陈宏辉对利益相关者的界定和分类研究，受到了国内学者的极大关注，为学者们将利益相关者理论与企业社会责任思想相结合提供了良好的条件，推动了利益相关者理论在国内的发展。

（三）利益相关者的理论框架

自 20 世纪 80 年代开始，众多从事利益相关者理论的学者基于契约理论和产权理论，不断与股东价值最大化理论的代表学者展开论战，以维护利益相关者理论的“江湖地位”。在此过程中，这些杰出的学者在利益相关者理论建设方面开展了卓有成效的工作，不断推动利益相关者概念框架向理论框架转变。

---

① 比较遗憾的是，查询陈宏辉 2005 年之后公开发表的文献，可发现其基本上未发表利益相关者理论方面的文章，这可能与其在浙江大学博士毕业后，从事一定的行政工作有很大的关系，抑或是其他原因。

② 核心利益相关者包括股东、管理者和员工，蛰伏利益相关者包括供应商、消费者、债权人、分销商和政府，边缘利益相关者包括特殊利益团体和社区。

③ 陈宏辉. 企业的利益相关者理论与实证研究［D］. 浙江大学博士学位论文，2003.

需要特别提出的是，1993 年 5 月 20~21 日，在 Clarkson[①] 的组织下，企业社会责任和利益相关者领域中许多有实力和有威望的学者齐聚加拿大的多伦多大学商学院，探讨利益相关者理论的若干问题。这次会议探讨了利益相关者理论的归类和利益相关者的区分等问题，真正“促使了利益相关者从概念框架向理论框架进行转变”。[②]

在众多对利益相关者理论框架的建立和完善做出贡献的学者中，Donaldson、Preston、Jones、Wicks 和 Freeman 的功劳尤为突出。1995 年，Donaldson 和 Preston 在《管理学评论》（“Academy of Management Review”）杂志上发表一篇论文“企业利益相关者理论：概念、证据和应用”，在该论文中利益相关者理论被 Donaldson 和 Preston 归为三大类理论，即经验性（描述性）（Descriptive/Empirical）理论、工具性（Instrumental）理论和规范性（Normative）理论。其中经验性（描述性）理论侧重解释企业或管理者的实际行为；工具性理论将利益相关者管理与企业目标（绩效）联系起来，以此判断彼此是否真正有关系；规范性理论关注企业和管理的道德或哲学指南。[③] 此外，Donaldson 和 Preston 用同心圆描述了三大理论的关系：

---

① 令人惋惜的是，1998 年，克拉克森（Clarkson）、他的妻子和两个孩子全部在一次航海事故中不幸遇难，使得企业社会责任领域和利益相关者领域失去了一位才华横溢的学者。

② 沈洪涛，沈艺峰. 公司社会责任思想起源及演变 [M]. 上海：上海人民出版社，2007.

③ Donaldson T., Preston L. E. The stakeholder theory of the corporation: Concepts, evidence, and implications [J]. Academy of Management Review, 1995, 20 (1).

描述性理论位于同心圆的最外层，主要阐述外在情况及其与利益相关者的关系；工具性理论位于中间层，起着支撑描述性理论并连接其与规范性理论的作用；规范性理论位于最里层，是利益相关理论的基石。[①] 应当说，Donaldson 和 Preston 对利益相关者理论的归类，明晰了该理论的框架，增强了该理论的系统性，因此，可以说他们为利益相关者理论框架的建立和发展立下了“汗马功劳”。

1999 年，Jones 和 Wicks 也在《管理学评论》（“Academy of Management Review”）杂志上发表一篇论文 “整合的利益相关者理论”，在该文中，他们将描述性理论和工具性理论归到社会科学基础论（Social Science-based Theory）名下，将规范性理论归到伦理基础论（Ethics-based Theory）名下，以寻求伦理上合理且实践上可行的整合性利益相关者理论。[②] Jones 和 Wicks 借鉴了 Donaldson 和 Preston 对利益相关者理论分类的思想和做法，进一步推动了利益相关者理论框架的发展。尽管他们提出这个整合性的理论框架引起较多的争议，但是他们试图探索一个既有规范性又有实用性的理论框架，为利益相关者找寻其适合生存和发展的土壤，对利益相关者理论框架的发展有着重要的意义。

---

① Donaldson T., Preston L. E. The stakeholder theory of the corporation: Concepts, evidence, and implications [J]. Academy of Management Review, 1995, 20 (1).

② Jones T. M., Wicks A. C. Convergent stakeholder theory in management research [J]. Academy of Management Review, 1999a, 24 (2).

Freeman 等人于 2013 年出版的中文版专著《利益相关者理论现状与展望》（“Stakeholder Theory：The State of the Art”），汇聚他们在 2000 年之后发表的学术成果，体现了他们对 21 世纪商业的认识和对利益相关者理论的新思考。在该书中他们认为利益相关者理论是“关于企业是什么和如何运作的理论”，从根本上说，它是“讨论如何将生意做得最好，以及它（生意）是如何运作的”理论。基于这种认识，他们认为利益相关者试图解决的问题有三个：一是价值创造和交易问题，二是资本主义伦理问题，三是管理思维方式问题。[①] 实际上，他们说的第一个问题和第三个问题是为了阐述利益相关者理论的实用性，第二个问题则是为寻求实用性的“根基”而阐述利益相关者理论的规范性。在该书中，他们从头至尾都将自己称为实用主义者，认为利益相关者理论为“实用主义提出的优先权和组织目标重点的问题提供了有力的载体”。为此他们反对将所有利益相关者“一视同仁”的观点，也就是说，在管理实务中需要根据组织目标的重点来优先考虑某些利益相关者的权益，如股东的权益抑或是客户的权益，否则利益相关者理论就难以指导实践，体现不了它的实用价值。[②] 在这里，可以看出，Freeman 等人从理论实用性的角度，寻求利益相关者理论与股东价值最大化理论的相容性；此外，在该书中，他们也寻求利益相

---

①② 爱德华·弗里曼，杰弗里·哈里森，安德鲁·威克斯，拜德安·帕尔马，西蒙娜·科莱. 利益相关者理论现状与展望 [M]. 盛亚，李靖华等译. 北京：知识产权出版社，2013.

关者理论与代理理论、交易理论的相容性，这也证明了他们是地地道道的实用主义者。

理论的产生和发展是为实践服务的，利益相关者理论也是如此。无论是 20 世纪 90 年代的 Donaldson 和 Preston 的利益相关者理论框架、Jones 和 Wicks 的框架，还是 21 世纪的 Freeman 等人探寻的利益相关者理论框架，都致力于寻求和证明利益相关者理论的实用性，而要寻求和证明其实用性，就需要向人们论述其规范性，上述学者的观点和持之以恒的做法就体现了这一道理。

三、企业软实力理论的研究

1990 年，软实力（Soft Power）概念①一经约瑟夫·奈（Joseph Nye）提出，便受到了世界各国政治家和学者的极大关注。随着约瑟夫·奈及其他学者不断对软实力理论进行研究，该理论日益丰富，应用范围不断扩大。②③国内学者黄枚怡于

①约瑟夫·奈. 软实力：世界政坛的成功之道［M］. 吴晓辉等译. 北京：东方出版社，2005.

② Zhang Xiaoming. An Analysis of Joseph Nye's "Soft Power"［J］. American Studies Quarterly，2005（1）.

③ 黄国群，徐金发，姜涛，郗河. 企业软实力的内涵、形成过程及作用机理研究［J］. 软科学，2008（2）.

2004 年将软实力概念引入企业竞争领域，并提出了企业软实力概念。[①] 时至今日，企业软实力概念日渐为人们所熟悉与接受，该理论也逐渐丰富。为进一步推动企业软实力理论向前发展，有必要总结其过去并展望其未来。

考虑到国外学者几乎不研究企业软实力理论，而国内学者研究企业软实力理论的主要文献基本上都被中国期刊全文数据库（简称“中国知网”）收录，本节将通过对该数据库有关企业软实力文献的梳理，从五个方面对企业软实力的研究现状进行描述性的统计分析，在此基础上，归纳出企业软实力的四个研究主题（企业软实力的概念、形成机理、结构与评价、培育与提升），展望企业软实力的未来研究方向，以期促进企业软实力的理论研究和实践发展。

（一）企业软实力研究现状的描述性分析

1. 研究样本

鉴于中国知网是目前中国更新最快、容量最大的期刊数据库，因此选择其作为本研究的论文来源。2015 年 1 月 26 日，本书以“企业软实力”为主题，选择与企业软实力相关的“哲学与人文科学”、“社会科学 Ⅰ 辑和 Ⅱ 辑”和“经济与管理科学”三个学科领域，检索 2005~2014 年发表的论文，检索到的

① 在现有的正式文献中，黄枚怡是最早阐述企业软实力概念及其构成维度的，参见黄枚怡. 企业软实力建设［J］. 中国第三产业，2004（11）.

论文总数为 1174 篇。综合考虑论文的质量、期刊的档次和论文的数量情况，最终选定北京大学图书馆“中文核心期刊”（2004 版、2008 版和 2011 版）和 CSSCI 期刊，以“企业软实力”为主题，检索 2005~2014 年发表的论文，共检索到 102 篇论文。去除与主题无关的论文，最终得到 42 篇论文样本（以下简称“论文”）。

2. 论文数量的年度分布情况

从论文数量年度分布情况和发展趋势（见表 3–3 和图 3–1）来看，可以把 2005~2014 年企业软实力的研究划分为以下两个时期：

表 3–3 论文数量年度分布情况表

年份	2005	2006	2007	2008	2009	2010	2011	2012	2013	2014
数量（篇）	1	2	3	3	4	7	5	8	4	5

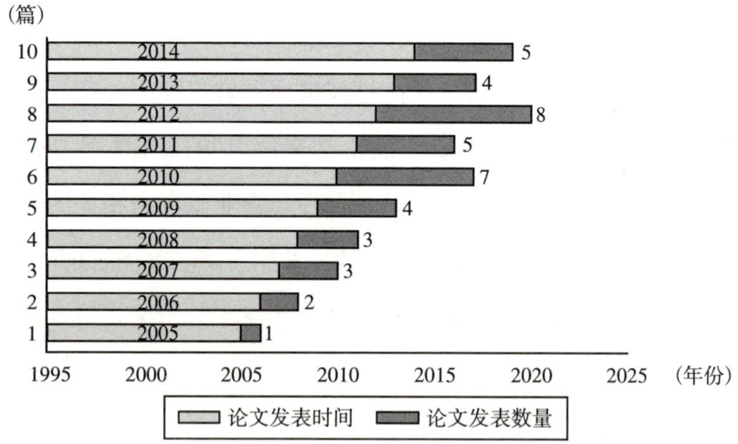

图 3–1 2005~2014 年研究论文数量演变趋势图

（1）初步引入期（2005~2008 年）：该期间共有 9 篇核心期刊论文发表，论文数量逐步上升，从 2005 年的 1 篇上升到 2008 年的 3 篇。总体来看，该时期处于企业软实力引入期，对企业软实力研究关注不多。

（2）缓慢成长期（2009~2014 年）：该期间共有 33 篇核心期刊论文发表，每年平均发表 5.5 篇；其中 2009 年 4 篇，2010 年 7 篇，2011 年 5 篇，2012 年 8 篇，2013 年 4 篇，2014 年 5 篇。从中可以看出，这时期人们关注和研究企业软实力的人数逐渐增多，论文数量有较快增长，论文质量也有了较大的改善，对企业软实力进行定量研究的论文也大多出现在该阶段。

综合来看，对企业软实力的研究还处于前范式阶段，发表的高质量论文不多，企业软实力研究的成熟期尚未到来。

3. 受各类基金项目资助情况

从论文受各类基金项目资助情况来看（见表 3–4 和图 3–2），共有 16 篇论文受到基金项目资助，资助比例达到 38.10%，其中包括国家自然科学基金项目 2 项，占 11.76%；国家社会科

表 3–4　受各类基金项目资助情况

资助项目类别	资助数量（篇）	比例（%）
总量	17	36.84
国家自然科学基金项目	2	11.76
国家社会科学基金项目	3	17.65
教育部人文社科基金项目	2	11.76
省级基金项目	6	35.29
其他基金项目（市厅级、院校）	4	23.53

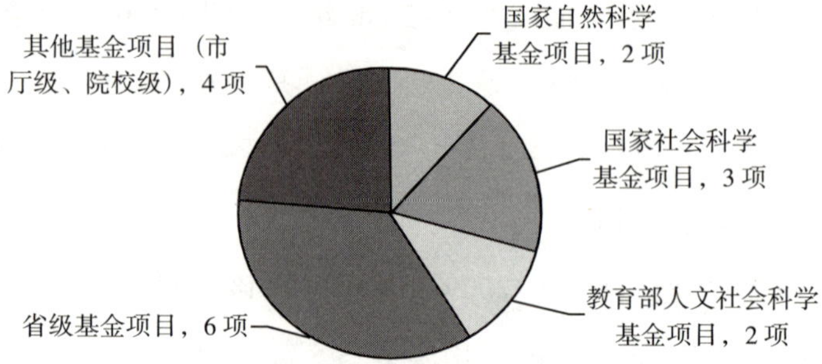

图 3-2　受各类基金项目资助情况

学基金项目 3 项，占 17.65%；教育部人文社会科学基金项目 2 项，占 11.76%；省级基金项目 6 项，占 35.29%；其他基金项目（市厅级、院校级）4 项，占 23.53%。总体来看，论文受基金项目资助的比例偏低，尤其是受国家自然科学基金和社会科学基金项目资助的项目只有 5 项，其比例有待提高。这就需要从事企业软实力研究的学者们共同努力，以获得更多的国家基金项目的资助。

4. 研究方法统计情况

受王晶晶等人的做法的启发，[①] 本书从定量研究、定性研究、综述研究和案例研究四个方面对论文进行分类。按此种分类，样本论文采用各种研究方法的情况如表 3-5 和图 3-3 所示。从表中的数据可以看出，在 42 篇论文中，定性研究的论文为 32 篇，占样本总数的 76.19%，定量研究、案例研究和综

---

① 王晶晶，杨洁珊，胡成宝. 企业社会责任的研究现状及未来研究展望——基于 CSSCI 来源期刊中经济学、管理学类期刊上文章的分析【J】. 管理评论，2010（8）.

表 3-5　研究方法统计情况

单位：篇

研究方法	定量	定性	案例	综述
数量	7	32	2	1

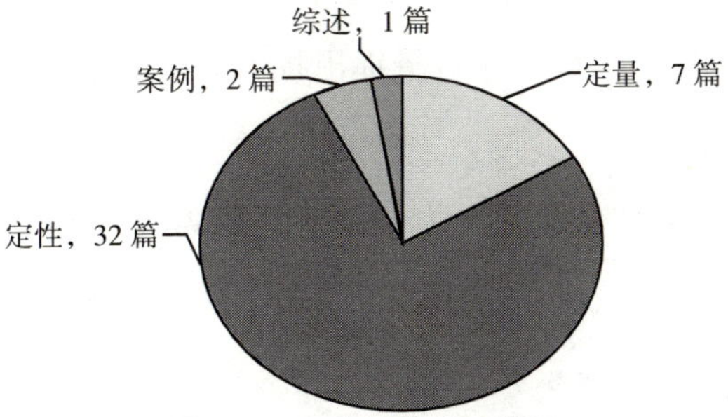

图 3-3　研究方法统计情况

述研究的论文分别为 7 篇、2 篇和 1 篇，各自的比例分别为 16.67%、4.76%和 2.38%。总体来看，定性研究的论文较多，定量、案例和综述的论文偏少，其中有的论文泛泛而谈，内容比较空洞。有 4 篇定量研究的论文采用层次分析法对企业软实力的结构进行研究。进一步分析，可发现采用定性与定量相结合的方式，系统研究企业软实力的公开发表文献尚不多见。

5. 研究主题的统计情况

根据各论文的聚焦点，本书把研究主题分为以下四个方面：

(1) 企业软实力的概念。研究这一主题的论文总共有 5 篇，其中有 1 篇是专门研究该主题，4 篇是与其他研究主题并存于论文中。

(2) 企业软实力的形成机理。研究这一主题的论文共有 5 篇，5 篇都不是专门研究该主题，而是与其他研究主题并存于论文中。

（3）企业软实力的结构与评价。研究这一主题的论文总共有 13 篇，其中有 7 篇是实证研究，6 篇是定性研究。

（4）企业软实力的培育与提升。研究这一主题的论文总共有 20 篇，其中结合行业背景提出提升企业软实力对策的论文有 7 篇。

此外，研究企业软实力与企业竞争力关系的论文有 2 篇，研究其与企业绩效关系的论文有 1 篇。研究主题的统计情况如表 3–6 和图 3–4 所示。

表 3–6　研究主题统计情况

单位：篇

研究主题	概念	形成机理	结构与评价	培育与提升
论文总数	5	5	13	20

注：因为有的论文内容包含几个研究主题，所以统计的论文总数会超过 42 篇。

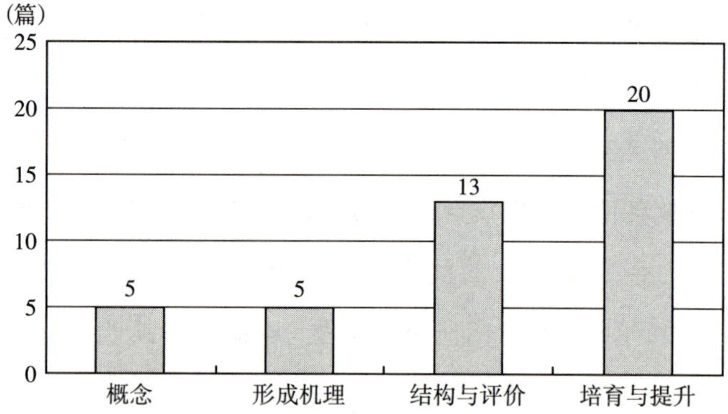

图 3–4　研究主题统计情况

（二）企业软实力研究主题的代表性成果分析

11 年来，国内学者在企业软实力的概念、形成机理、结构与评价、培育与提升四个方面的研究取得了较大的进展。本节围绕这四个主题，从 42 篇论文中选取代表性的成果剖析企业软实力的研究现状。

1. 企业软实力的概念

对企业软实力的概念进行了较深入研究的学者主要有黄国群、嵇国平和袁哲等人，其研究成果如表 3–7 所示。黄国群等人结合资源观和行为观视角，界定了企业软实力的概念。他们将企业软实力区分狭义和广义，其中狭义的软实力是指，经过一定方式，实现企业目标的一种能力；广义的软实力包括“思维层面的软实力和客体实在层面的软实力”。[①] 此外，他们还分析了企业软实力与企业竞争力，企业潜在软实力与现实软实力之间的关系。[②] 应当说，黄国群等人比较系统地阐述了企业软实力的概念，得到了其他学者的肯定；2015 年 1 月 26 日，中国知网检索结果显示，他们于 2008 年发表的包含企业软实力概念（内涵）研究主题的 1 篇论文被引用 75 次，也证明了这一点。

①② 黄国群，徐金发，姜涛，郗河. 企业软实力的内涵、形成过程及作用机理研究［J］. 软科学，2008（2）.

表 3-7 企业软实力概念研究的主要成果

主要学者	发表文章、刊物和时间	企业软实力概念
黄国群等	“企业软实力的内涵、形成过程及形成机理研究”，《软科学》，2008 年 2 月	广义：企业软实力既包含思维层面的软实力，也包括客体实在层面的软实力 狭义：企业软实力是企业主体通过对企业特定资源的占有、转化和传播，以吸引企业利益相关者等客体，获取他们的价值认同，使他们产生企业所预期的行为，最终达到企业目的的一种能力
嵇国平等	“企业软实力理论的研究现状及其发展趋势”，《生产力研究》，2009 年 11 月	企业软实力本质上是一种吸引力，是企业通过有效整合企业的软、硬资源，以满足企业利益相关者的需要，从而获取其价值认同，最终实现企业目的的一种吸引力
袁哲	“企业软实力的概念、内涵及主要特征探究”，《商业时代》，2010 年 11 月	企业软实力是相对于硬实力而言的实力体系，它建立在企业硬实力的基础之上并依托软、硬实力资源而存在，与利益相关者及其他社会客体有关联，它强调吸引、影响与价值认同，强调可持续发展

随后，嵇国平等人在黄国群等人界定企业软实力概念的基础上，认为企业软实力是有效整合资源，满足利益相关者的需要，获取其价值认同，最终达到目的一种能力。嵇国平等人的定义强调了企业所整合和依赖的资源是企业软实力发挥作用的关键；与其他学者不同的地方是，他们明确指出和强调了满足企业利益相关者的需要是获取其价值认同的前提和条件，这就进一步指明了获取价值认同的途径和方法。2015 年 1 月 26 日，中国知网检索结果显示，嵇国平等人发表的包括企业软实力概念主题的 1 篇论文共被引用 13 次。

袁哲对企业软实力概念进行了较好的总结，认为它是“建立在硬实力基础上，与利益相关者及其他社会客体有关联，吸引和影响利益相关者及其他社会客体，实现企业可持续发展的能力”。特别需要指出的是：袁哲在阐述了企业软实力不足之处的同时，表达了应将企业软实力的来源、本身和结果进行区分的意思。2015 年 1 月 26 日，中国知网检索结果显示，袁哲发表的包括企业软实力概念主题的 1 篇论文共被引用 7 次。

综合来看，在对企业软实力概念的理解上，上述三位学者在以下两个方面的看法基本上是一致的：一是企业软实力是相对于企业硬实力而言的一种能力；二是只有获取企业利益相关者的价值认同，企业软实力才能得以形成和实现。此外，三位学者也都认为理论界和实践界对企业软实力概念的认识还存在一定的模糊和混乱。正因为这样，需要进一步加强对企业软实力概念的研究，以“正本清源”，促进企业软实力理论发展。

2. 企业软实力的形成机理

黄国群、嵇国平和罗高峰等人对企业软实力的形成机理进行了较好的探索，取得了一定的进展。黄国群等人在充分阐释企业软实力内涵的基础上，遵循资源—潜在软实力—现实软实力的逻辑，揭示了企业软实力的形成机理。嵇国平等人在界定企业软实力概念的基础上，遵循整合资源—满足需要—获取认同—实现目的的逻辑，论述了企业软实力的形成机理；从人性假设的视角，他们认为“人是充满欲望的一个复杂体”，须寻求对其欲望的满足，因此获得企业利益相关者价值认同的关键是满足他们的需要，这也是企业价值被认同的前提。罗高峰则在分析企业软实力与价值认同内涵的基础上，把企业软实力的作用过程分为三个阶段：企业理念的塑造和转化、企业理念的传播阶段、利益相关者的价值认同阶段。

应该说，黄国群等人对企业软实力的形成机理的剖析比较深入全面，得到其他学者的认同。嵇国平和罗高峰在借鉴了黄国群等人研究的基础上，给出了自己的见解，在一定程度上创新了企业利益相关者价值认同的路径。详细研读他们的论文，就可以发现他们基本上遵循资源—认同—目的的逻辑，剖析了企业软实力的形成机理。他们在这方面的探索为提升企业软实力提供了思路借鉴。

3. 企业软实力的结构与评价

11 年来，国内学者围绕企业软实力结构与评价进行了较多的探寻，这方面的理论和实证研究文献也逐渐增多，相关成果如表 3-8 所示。通过对现有文献的梳理和归纳，可将企业软实力结构的研究归纳为以下两个方面：

表 3-8 企业软实力的结构与评价研究的主要成果

主要学者	发表文章、刊物和时间	企业软实力结构和评价
定性研究		
黄国群	"系统观视角的企业软实力结构及提升策略研究"，《商业经济与管理》，2012 年 1 月	四个层次：元软实力层、资源及特质层、表现层与反馈及意义层。基于系统观的视角，借鉴中国"体"、"相"与"用"分析框架构建了企业软实力结构模型
丁政等	"企业软实力结构模型的构建与解析"，《科学学与科学技术管理》，2007 年 7 月	模型包括四个核心要素和 16 个二级要素，其中核心思想包括以人为本、务实进取、学习创新和协作共赢；核心策略包括标准、流程、结构和关系；强势行动包括"执行、沟通、反应和控制；品牌形象包括企业场景、人员风貌、产品体系和传播体系
郝鸿毅	《企业软实力》，北京：中国时代经济出版社，2008 年 8 月	五个一级指标：企业文化力、社会责任力、企业创新力、品牌商誉力和集成整合力；若干个二级与三级指标

续表

主要学者	发表文章、刊物和时间	企业软实力结构和评价
定量研究		
郭德等	《基于 ANP 的企业软实力评价体系研究》，《科学学与科学技术管理》，2008 年 7 月	五个一级指标（企业文化、企业形象、创新能力、管理能力和公关关系）和若干个二级指标。运用网络层次分析法研究企业软实力的评价指标
王丹等	《中国汽车企业的软实力测评和提升——来自上汽集团的案例》，《中国工业经济》，2012 年 6 月	包括六个一级指标和 34 个二级指标；将 FAHP 和模糊综合评价法相结合，建立汽车企业的软实力综合评价模型；运用案例研究方法测评和分析中国上汽集团的软实力
禹海慧	《基于模糊层次评价的企业软实力指标建构与测度》，《统计与决策》，2014 年 1 月	四个一级指标（理念凝聚力、要素整合力、决策执行力与社会影响力）和 16 个二级指标。借鉴丁政和张光宇对企业软实力结构的定性研究结果，采用层次分析法与模糊综合评价法相结合的方法，构建和测量了企业软实力的指标

（1）定性视角。学者们运用定性方法对企业软实力结构进行了一定的探索性研究。黄国群借鉴系统观和中国哲学“体”、“相”、“用”的核心思想构建了企业软实力的结构模型，他认为企业软实力由四个层次（维度）构成：元软实力层、资源及特质层、表现层与反馈及意义层；另外，他也分析了企业软实力各个层次的具体内涵及各层次之间的内在关系。黄国群对于企业软实力结构的研究启示人们从宏观的角度看待软实力，有利于进一步探寻企业软实力的结构；美中不足的是他只从定性角度而没有从定量角度去研究企业软实力结构，这容易使其停留在思辨层面，很有可能阻碍其研究成果向更广、更深的层面拓展。丁政和张光宇从企业文化视角出发，认为企业软实力是由四大核心要素驱动而产生的思想力、策略力、行动力和形象

力四个维度构成。应当说，他们是较早对企业软实力的结构进行探索的学者，为企业软实力结构的后续研究提供了思路借鉴；但因为企业文化本身很有可能是企业软实力的来源，从广义的企业文化的视角出发研究软实力的结构，容易把企业软实力本身与其来源混淆在一起。郝鸿毅依据企业软实力的内涵和判别企业软实力的三个标准，认为企业软实力构成维度有五个：集成整合力、企业创新力、社会责任力、企业文化力和品牌商誉力。郝鸿毅比较全面地阐述了企业软实力的结构，有助于探寻其构成要素和开发其量表。

（2）定量视角。学者们对企业软实力进行了一定的测量研究。郭德和梁娟红运用网络层次分析法（ANP）研究了企业软实力的结构，认为企业软实力由企业文化、企业形象、创新能力、管理能力和公关关系五个一级指标及若干个二级指标构成。他们的研究有助于企业更加了解自身的企业软实力状况；同样，因为企业文化可以成为企业软实力的来源，而他们把企业文化归之为企业软实力，也容易混淆企业软实力本身与企业软实力的来源。王丹和王玉对中国汽车企业的软实力进行测评研究，运用模糊层次分析法（FAHP）探寻了企业软实力的 7 个一级指标和 34 个二级指标。他们对企业软实力在具体行业的运用方面进行了较好的探索，发现了自主精神缺乏是制约中国汽车行业发展的根本性力量；但深入探究，可发现其研究的系统性有待进一步加强。禹海慧借鉴丁政和张光宇对企业软实力结构的定性研究结果，将层次分析法与模糊综合评价法相结合，对企业软实力进行了定量研究。相对来说，禹海慧对企业软实力的结构研究更为科学，可为我们进一步研究企业软实力提供思路借鉴。

综上所述，学者们对企业软实力结构与评价进行的定性和定量研究有力地探索了其构成要素，也为今后进一步开发其量表奠定了良好的基础。但是也存在以下不足：一是进行企业软实力的结构与评价研究时，大多未明确区分企业软实力本身、来源和其所导致的结果，从而导致了企业软实力的内涵理解上的结构化和结构分析中的要素资源化；[①] 二是学者们更多的是从定性与评价视角对其进行研究，且主要停留在企业软实力结构一维指标和二维指标的建构和评价上；三是尚未发现运用定性与定量研究相结合的方法，系统测量企业软实力的文献。这些问题有待进一步研究。

4. 企业软实力的培育与提升

关于企业软实力的培育与提升研究，李贝贝、倪洪尧、徐金发和郗河、单卫国、黄国群在此方面进行了有益的探索，其研究成果如表 3–9 所示。李贝贝以上海汽轮发电机有限公司为例，阐述了提升生产现场软实力的措施：一是对标岗位要求“共同点”，到生产现场授课；二是重现“亮点”，“当家人”需持证上岗；三是消灭“死角”，建立长效管理机制。倪洪尧结合具体的行业，在阐述民营企业软实力的内涵及其特征的基础

① 李君，吕力. 企业软实力理论研究的文献综述［J］. 商业经济，2010（1）.

上，从民营企业理念、品牌、形象和文化四个方面，给出了培育与提升其软实力的建议。徐金发和郗河以华立集团为例，基于企业社会责任对企业软实力的作用机制，详细阐述了该集团在企业社会责任文化、制度和氛围方面的建设情况及其对提升企业软实力的作用。

表 3-9　企业软实力的培育与提升研究的主要成果

主要学者	发表文章、刊物和时间	提升企业软实力的对策
李贝贝	"上海汽发：提升生产现场'软实力'",《企业管理》，2014 年 2 月	提升现场生产软实力的措施有三个：一是对标岗位要求"共同点"，到生产现场授课；二是重现"亮点"，"当家人"需持证上岗；三是消灭"死角"，建立长效管理机制
倪洪尧	"民营企业亟须提升软实力"，《华东经济管理》，2007 年 7 月	结合具体行业，加强民营企业的理念建设、品牌建设、形象建设和文化建设，提升企业软实力
徐金发等	"企业社会责任对企业软实力的提升机制——以华立集团为例"，《经济管理》，2009 年 1 月	以华立集团为例，提升企业软实力可从企业社会责任入手，加强其在文化、制度、氛围等方面的建设
单卫国	"推进智库建设　提升国家和企业软实力"，《理论视野》，2014 年 5 月	从五个方面建立企业智库，提升企业软实力：一是围绕中心，立足大局；二是培养人才，集聚人才；三是夯实基础，创新方法；四是"走出去，引进来"；五是加强领导，统筹协调
黄国群	"系统观视角的企业软实力结构及提升策略研究"，《商业经济与管理》，2012 年 1 月	从六个方面提升企业软实力：一是企业理念的塑造及优化表达，培育优秀的企业文化；二是发挥企业领导者在企业软实力建设中的关键作用；三是完善企业资源体系，加强企业潜在软实力的培育；四是响应企业软实力对企业能力体系的要求，优化企业能力体系；五是尽企业公民之责，做好企业公益，优化与利益相关者关系；六是培育企业的知名品牌与良好声誉

而单卫国认为企业软实力的培育与提升需要建立高质量的智库，而智库的建立需要从五个方面入手：一是围绕中心、立足大局；二是培养人才，集聚人才；三是夯实基础、创新方法；四是“走出去，引进来”；五是加强领导，统筹协调。黄国群则从系统观视角，在构建和阐述企业软实力结构的基础上，从资源和能力、领导、企业公民、品牌和声誉、理念与文化六个方面提出了培育与提升企业软实力的策略。

如果说李贝贝、倪洪尧、徐金发和郗河是从微观的视角研究培育与提升企业软实力的对策，那么单卫国和黄国群则是从宏观的视角对此展开研究。他们提出的对策各有千秋，互为补充，促进了企业软实力理论在实践中的应用。但培育与提升企业软实力是一项复杂的系统工程，①因此需要企业软实力理论研究者和企业家共同努力，以探寻对企业更为实用的培育与提升软实力的对策。

（三）企业软实力的未来研究展望

中国经济和企业的发展为企业软实力理论的研究提供了肥沃的土壤；在这片肥沃的土地上，2005~2014 年中国学者围绕企业软实力的内涵、形成机理、结构与评价、培育与提升四个主题开展了广泛的研究，取得了一定的进展，但仍有许多领域未得到充分的研究。基于现有的研究，未来需要在以下三大方

① 李君，吕力. 企业软实力理论研究的文献综述［J］. 商业经济，2010（1）.

面推进企业软实力的研究。

1. 深化企业软实力基础理论的研究

企业软实力的基础理论是什么？这是一个重要的问题，遗憾的是，目前尚未有学者对此做出相关的研究。但这是企业软实力理论研究必须要回答的问题，否则，很难深入推进企业软实力理论向前发展。企业软实力的基础理论是企业能力理论，还是企业竞争力理论，抑或其他理论？这个问题需要从事企业软实力研究的学者们在未来做出回答。

2. 加强企业软实力的测量研究

当前，学者们对企业软实力的评价研究“多数采用定性指标，获取实证单位的量化数据可操作性差”，“在定量分析中对实证分析方法的运用比较单一”，[①] 尚未发现运用定性与定量研究相结合的方法，系统测量企业软实力的文献。因此，未来需要采用规范的探索性和验证性实证研究方法以及探索性案例研究法，探寻企业软实力的测评指标体系。

3. 推进企业软实力实践导向的研究

理论研究要以服务实践为目的，否则理论的存在就失去了意义。现有企业软实力培育与提升对策的研究大多从其结构或影响因素方面进行，所给出的对策缺乏系统性和针对性。[②] 因而，在此方面除了要加强上述的理论研究之外，还要采用扎根

① 李君，吕力. 企业软实力理论研究的文献综述［J］. 商业经济，2010（1）.
② 黄国群. 系统观视角的企业软实力结构及提升策略研究［J］. 商业经济与管理，2012（1）.

理论的范式深入企业，才能“对症下药”，提出针对性和系统性的企业软实力培育与提升对策。

四、本章小结

本章从企业社会责任理论、利益相关者理论和企业软实力理论三个方面介绍企业竞争优势的相关理论。首先，梳理和归纳现有的文献，可发现企业社会责任理论演进的历程如下：企业社会责任的缘起—企业社会责任（CSR1）—企业社会回应（CSR2）—企业社会表现（CSR3）。本书遵从以上逻辑阐述企业社会责任理论的发展历程。其次，从利益相关者的概念、分类和理论框架三个方面，介绍了利益相关者理论的发展概况。最后，基于对 2004 年以来 CSSCI 和中文核心期刊上的“哲学与人文科学”、“社会科学Ⅰ辑和Ⅱ辑”及“经济与管理科学”三个学科领域论文的搜索结果，从发表论文的年度分布、基金项目资助、研究方法和研究主题等方面对企业软实力现状进行了描述性分析；并从企业软实力的概念、形成机理、结构与评价、培育与提升四个方面对代表性成果进行了分析和总结，提出了企业软实力未来研究的发展方向。

第四章
企业惯例与企业竞争优势的关联

一、企业惯例与意识、心理、文化的关联

（一）企业惯例特性

从第一章对企业惯例概念的阐述和基本界定中，可推断出企业惯例有以下特性。

1. 默会性

企业惯例的默会性是指难以解释性。正如人的有些行为是在人们“想当然”的潜意识支配下而发生的，企业里也存在大量的在人们“想当然”的潜意识支配下而发生的行为，这种行为虽然一时难以解释清楚，却被企业的员工所认同。可口可乐

与百事可乐虽是竞争对手，但是都默认了各自的竞争方式，从而成为一种企业惯例。企业管理者的很多行为也被员工默认而形成一种行为模式。

2. 实践性

惯例的实践性指惯例作为活动的行为，只有靠“干中学”才能得以理解和继承，无论是对于显性的行为，还是隐性的行为来说，必须通过实践来记住。如果惯例在企业中不经常应用，很有可能导致惯例丧失。

3. 异质性

惯例的异质性指它的独特性，是唯一的。因为惯例的形成是以其异质的方式与周围环境和企业自身相适应的，受各种复杂因素的影响，从而显现出一种独特性，犹如每个人的行为都是唯一的、千差万别的；作为由人构成的集合体——企业也是如此。

4. 不完全模仿性

企业惯例的不完全模仿性是指企业的行为很难被对手学习和实践。由上可知，企业惯例有默会性、异质性，而且它表现出“因果模糊”，很难被对手理解、学习和模仿。

5. 价值性

价值性是指企业惯例对企业生存和发展的贡献性。因为企业惯例是独特的，对手难以模仿和复制，而且它还是与企业和环境相适应的，因而企业惯例可以为企业的生存发展做出独特性的贡献，为企业带来经济利润，为企业创造出竞争优势。

（二）企业惯例与意识、心理的关联

因为企业惯例是由人的惯例构成的，而惯例作为习惯的行为方式，与人的思想意识和心理有密切的关系，可以说三者是三位一体的，相互联系、相互影响，应该把它们作为一个整体来看。可以说，企业的员工在行动时，既有思想意识活动、心理活动，也有意识和心理的交互作用。而意识的行为也潜在含有人的心理需求，只不过有时它在人的理性支配下，人的需求或者人的情感不是那么明显化。这三者的关系可以用图 4-1 来表示。

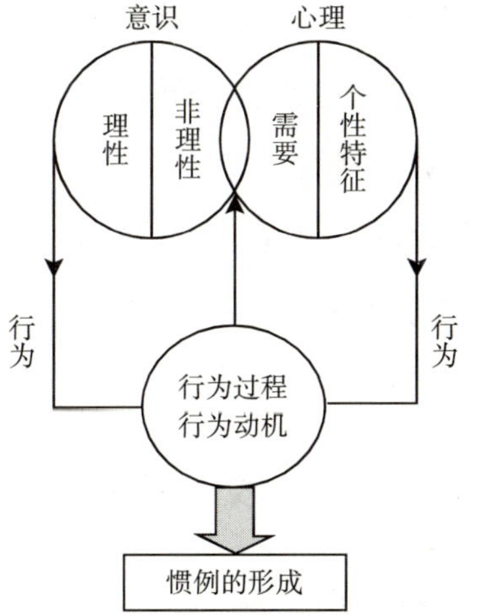

图 4-1 意识、心理和惯例三者关系

从图 4-1 中可以看出：

（1）人的思想意识可以划分为两个部分：一是非理性；二是理性，即理智。其中人的非理性与人的心理有交叉，即非理

性与心理因素有着密切的关系。人的心理也可划分为两部分：一是人的心理需要，依据马斯洛的需求理论，可以分为生理需要、安全需要、归属需要、尊重需要和自我实现需要；二是个性心理特征。心理需要影响个性心理特征，反过来个性心理也影响心理需要。

（2）人的行为也可以分为两部分：一是行为动机；二是行为过程。行为动机受心理需要支配，即心理需要是产生行为动机的深层次原因，当然行为动机也受人的思想意识，如人的价值观、世界观等方面的影响；行为过程即人的行动过程，此过程更多受理性的影响，当然这也不是绝对的，有时是理性因素主导行为过程，而有时是非理性因素主导的，不论是什么意识因素主导，在此过程中都会或隐或现人的个性特征，而个人的需要也会在过程中得到满足。

（3）惯例作为人的习惯的行为模式是由人的心理因素支配的行为动机和人的思想意识支配的行为过程共同决定的，两者共同支配着惯例的形成。

（三）企业惯例与企业文化的关联

1. 企业文化概念界定

企业文化是一种特定的组织文化，国内外学者尚未形成统一的看法，但归纳起来，不过是各自的着眼点不同，其基本内核还是有其一致性的。

概括地说，当前理论界对企业文化主要存在以下两种看法：一是认为企业是以价值观为核心的意识形态，包括企业的价值观、情感等；二是认为企业文化是物质形式和意识形态的总和，包括企业的物质文化、行为文化和精神文化。美国学者特雷斯·迪尔和肯尼迪认为，企业文化是价值观、英雄人物、习俗仪式、文化网络和企业环境等要素构成的系统，对企业员工有重要的意义。[①] 国内学者陈亭楠认为，企业文化包含价值观念、行为准则等意识形态和物质形态；[②] 张德、吴剑平认为，企业文化是企业全体员工在其创业和发展的过程中所形成的物质文化、行为文化和企业理念形态文化的复杂有机体。[③]

从以上各学者对企业文化的概念界定中，可以看出美国的两位学者是从狭义的角度来定义企业文化的，认为企业文化是一种意识形态；而国内的三位学者则是从广义的角度界定的，认为企业文化是物质形态文化和精神形态文化的总和。本书倾向于文化狭义论，认为企业文化是在创业和发展的过程中逐渐形成的，为企业员工所认同的，以价值观为核心的意识形态。

2. 企业惯例与企业文化的内在关系

上文中认为企业文化是一种以价值观为核心的意识形态，包括企业员工所自觉遵守的价值标准、道德规范、工作态度、行为取向和生活观念等，因而可以说企业文化从根本上显性地

① 特雷斯·迪尔，阿伦·肯尼迪. 企业文化［M］. 上海：上海科技文献出版社，1989.

② 陈亭楠. 现代企业文化［M］. 北京：企业管理出版社，2004.

③ 张德，吴剑平. 企业文化与 CI 策划［M］. 北京：清华大学出版社，2003.

和潜在地支配着员工的行为。而企业惯例是企业的行为模式，从这里可以看出，企业文化所支配的行为方式与企业惯例有着交集的关系，其可以用图 4–2 来表示。

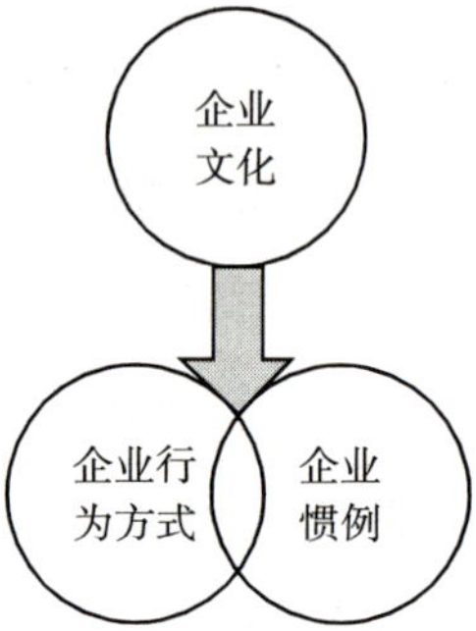

图 4–2 企业惯例与企业文化的内在关系模型

从图 4–2 中可以看出企业文化在一定程度从根本上决定着企业惯例，对企业的部分惯例产生根本影响。因而，企业在培育企业惯例时，应理解企业文化与企业惯例之间的内在关系，从而有利于企业惯例的养成，进而有利于企业获取竞争优势。

二、基于企业惯例的企业竞争优势来源机理

战略管理理论自 20 世纪 60 年代诞生以来，各学者对企业竞争优势源泉这个问题的认识，可谓“仁者见仁，智者见智”。经过 40 多年的探索后产生了匹配论、环境决定论、产业结构

学派的决定论、资源基础论和企业核心能力论[①]等理论。

但国内外很少有学者从企业惯例视角寻求企业竞争优势的来源，然而，在现实企业中，企业惯例普遍存在于人类社会和企业当中，对企业的生存和发展起着至关重要的作用，因此下面将在基本界定企业竞争优势的基础上，从企业惯例视角探寻企业竞争优势来源机理，如图 4-3 所示。

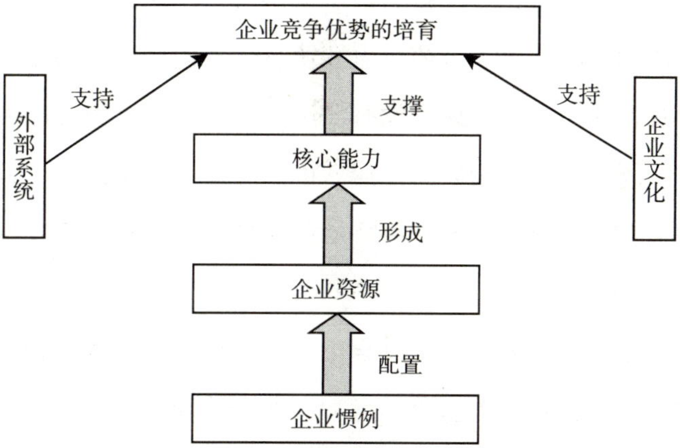

图 4-3 基于企业惯例的企业竞争优势来源机理

人们的动机总会通过一定的行为表现出来，进一步说，人的行为是为了满足人的某种需要而产生的；换句话说，人的需要隐蕴在人的行为中；而且，人的这种行为是有轨迹可循的，具有很强的惯性。[②] 心理学行为主义学派的代表人物斯金纳

① 嵇国平，赵艳丽. 企业竞争优势源泉研究的新进展：战略网络论［J］. 价值工程，2004（8）.

② 孙东生，嵇国平. “惯例人”假设与管理学理论范式 ［J］. 经济管理，2005（7）.

(Skinner) 认为人是受“相倚强化”(Contingency Reinforcement)(有机体必须做出某种反应才能获得强化的状况) 的，并使其形成一贯的行为模式——惯例。[①] 心理学家约翰·华生认为，人除了某些基本情感是通过遗传得来外，人的各种行为都是通过经验习得而形成一定的“惯例”或“模式”。[②] 可以看出，斯金纳认为人通过与外界互动而使其行为形成惯例化；华生认为人的行为受经验影响而形成惯例化。他俩都强调人的行为是惯例化的。由于习惯或习性使然，人们在思考问题或进行决策时，期望并相信他们没有经历过的事例同经历过的事例相一致。因而，由人构成的企业“被假定是遵循刚性的，自我持续的惯例”,[③] 企业管理者常常是按这种惯例思考问题并做出决策的。

在企业创业和发展的过程中，企业惯例贯穿始末，对企业的生存发展有着至关重要的影响。而企业作为一个由各种资源构成的集合体，要使资源得到有效的配置，必须从根本上依靠人的行为，方可使企业的资源效用达到最大化。而企业凭借资源效用最大化，可以在市场竞争中获取企业竞争优势，所以说企业惯例可以成为企业竞争优势的源泉。

①②赫根汉. 人格心理学 [M]. 北京：作家出版社，1988.
③ 尼尔森，温特. 经济变迁的演化理论 [M]. 北京：商务印书馆，1997.

（一）基于企业惯例的核心能力支撑竞争优势

1. 企业核心能力的内涵

企业核心能力是普拉哈拉德和哈默于 1990 年发表在《哈佛商业评论》上的文章——《企业核心能力》中提出的，他们将企业核心能力定义为“组织的累积性学识，特别是关于如何协调各种生产技能和整合各种技术的学识”。[①] 国内对此有不同的看法，学者们纷纷提出自己的定义。本书倾向于这两位学者关于核心能力的定义，认为核心能力是企业获取竞争优势的基础，从这个初始概念中，可以提炼出该定义的三个关键点：[②]

（1）知识性。核心能力是积累性的知识，包括隐性知识和显性知识。

（2）整合性。通过对企业知识的整合而形成企业的核心能力。

（3）积累性。说明企业的核心能力不是一朝一夕就能形成的，而是企业经过长期积累而获得的。

对于该定义，战略管理学者也从异质性、不完全复制性、不完全替代性等特性来阐述其内涵。

① Prahalad C. K., G. Hamel. The core competence of the corporation [J]. Harvard Business Review, 1990 (May-June).

② 张新华，范宪. 识别、构建和保持企业核心竞争力 [J]. 复旦学报（社会科学版），2002 (5).

2. 基于企业惯例的核心能力支撑竞争优势的机制

企业惯例与企业的核心能力的形成有着密切的支撑关系，同样企业资源与企业核心能力的关系也如此，可用图 4–4 来表示。

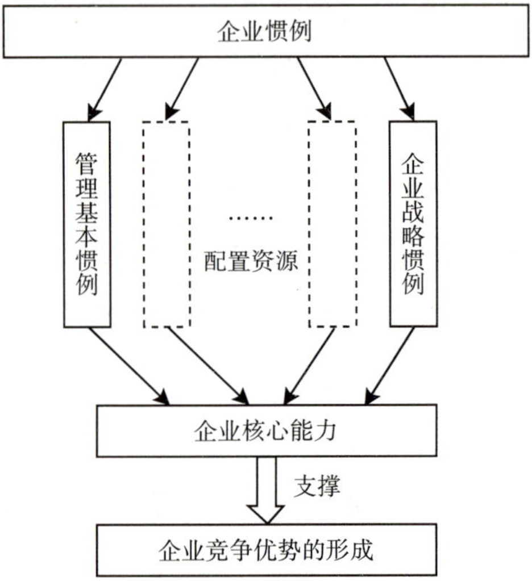

图 4–4　企业惯例与企业核心能力的内在关系

从图 4–4 中可以看出：

（1）企业惯例是多种多样的，其中管理基本惯例担当配置资源的具体执行任务，而企业战略惯例担当确定配置资源的总体方向这个任务。在此之外，还包括营销基本惯例、信息科学决策惯例等，它们彼此分工不同，但又是互为一体的。

（2）企业惯例通过对企业资源的有效配置支撑企业的核心能力，借助企业外部系统、企业文化等其他力量，最终促使企业核心能力形成或增强企业已拥有的核心能力。

(3) 企业核心能力是获取竞争优势的关键，是企业培育竞争优势的基础，企业核心能力支撑了企业竞争优势的培育。

（二）资源优化配置形成核心能力

任何一个企业要维持自己的生存发展，首先需要一定的资源，其次要能对资源进行优化配置。

而企业的资源是有限的，因而更有必要对企业资源进行优化配置；从另一个角度来说，能力是配置资源的技能，所以企业核心能力有赖于资源的有效配置。

具体来说，企业资源按如下配置机制来形成核心能力。

1. 整合

首先通过整合企业内部的资源而使企业在市场竞争中具备内部条件；其次企业还要整合外部资源，因为企业本身的资源是有限的，如企业与高校科研机构保持密切合作，可以整合高校科研机构的力量，从而为企业的研发补充能源。企业这两个方面的整合是相辅相成的。

2. 积累

核心能力的形成需要一个长期培育的过程，这就要求企业在日常的活动中注重慢慢地积累企业生存和发展所需要的资源，并持之以恒。如企业的人力资源，就要通过不断地招聘企业所需要的人才，并对其进行长期培训。

3. 创新

企业的环境不是一成不变的，因而企业也应随之而不断地调整其方针、政策等。企业首先要关注外部环境的动态发展，并对之做出及时的评价；其次要调整或更新企业的战略。此外，应密切关注企业内部的发展态势，使之按照企业的战略运行。

应当说，整合、积累和创新只是企业资源优化配置的基本途径，要使企业资源的优化配置形成核心能力，还需要企业内外环境系统的支持。

（三）企业惯例有效配置资源

假定企业是资源的集合体，那么企业要获取竞争优势，就必须对企业的资源进行有效的配置。因为从系统的角度和对企业竞争优势概念的基本界定角度看，企业竞争优势归根到底是企业惯例、企业资源、企业能力和环境因素的综合效应，但是，在这其中企业惯例对企业资源的有效配置最重要，下面将对此进行详细阐述。

1. 企业资源的内涵

企业资源可以是有形的，如资金、厂房、设备等，也可以是无形的，如人才、品牌、声誉等。学者们对企业资源定义的界定各不相同，有的学者把企业的组织能力也看作是企业资源的一部分，如战略管理资源学派的代表人物——科利斯和蒙哥马利就认为资源大体上包括有形资产、无形资产和组织能力。[①] 本书认为企业资源是对企业目标做出贡献的要素及其组合。从企业的生存发展的角度看，企业至少需要以下类型的资源。[②]

（1）人力资源，是企业生存发展所需要的最重要的资源，主要有企业员工的知识、技能、创新精神和团结精神等。

（2）金融资源，企业的货币资本和资金。在当今世界，金融资源对企业的生产发展越来越重要。

（3）信息资源，从知识的角度看，企业的信息资源可分为两类：显性知识和隐性知识。在当前知识经济蓬勃发展的情况下，如果企业缺失生存发展所需的知识，就犹如盲人，在市场竞争中寸步难行。

（4）关系资源，企业与政府、银行、供应商和学校等方面合作及亲近的广度和深度。在中国，因受传统权谋文化影响，关系资源就越发显得重要，有时企业凭借关系资源就可获取竞争优势。

（5）物质资源，企业所拥有的厂房、土地、办公室和机器等各种物质。物质资源是企业生存发展的基础。

上述五种资源是一般企业生存发展所需要的，实际上企业为了更好地生存发展，还需要其他的资源。

---

① 大卫·科利斯，辛西娅·蒙哥马利. 公司战略：企业的资源和范围［M］. 王永贵，杨永红译. 大连：东北财经大学出版社，2000 年.

② 芮明杰. 管理学［M］. 上海：上海人民出版社，1999.

2. 企业惯例有效配置资源的机制

由上文可知，企业竞争优势就是指：企业在可竞争市场经济中，通过惯例有效配置企业的资源而提供比竞争对手更好的产品或服务，从而使企业获得超额收益的一种状态。从该定义可以看出：企业惯例对企业资源的有效配置对企业获取自身的竞争优势起着最基础的、至关重要的作用，可从以下两个角度来理解：一方面，企业惯例有效配置企业资源的必要性。任何企业为了自身的生存发展，首先需要拥有一定的资源，其次要能对企业的资源进行有效的配置。特别地，由于企业的资源是有限的、稀缺的，因而企业惯例对企业资源的有效配置就显得至关重要。另一方面，企业惯例有效配置企业资源的重要性。当前，科学技术日新月异，世界经济一体化、全球化日益明显，中国市场经济体制越来越完善以及社会文明和教育水平不断提高，在此背景下，企业要获取所需的相关资源并非是难事，最难的是有效地配置企业所能拥有的资源。由上文可知，企业惯例普遍存在于人类社会和企业中，对企业的生存和发展起着至关重要的作用。所以说，企业惯例对企业的有效配置是必要的。

企业的本质活动是企业惯例对资源的有效配置活动。一般而言，企业惯例对资源的有效配置不外乎表现在以下三个方面，可用图 4-5 来表示。

（1）依据企业资源状况（优势和劣势）和外部环境状况（机会和威胁）确定企业资源配置使用的大概范围、大致领域或总体方向。这主要涉及企业总体发展方向、业务结构等问

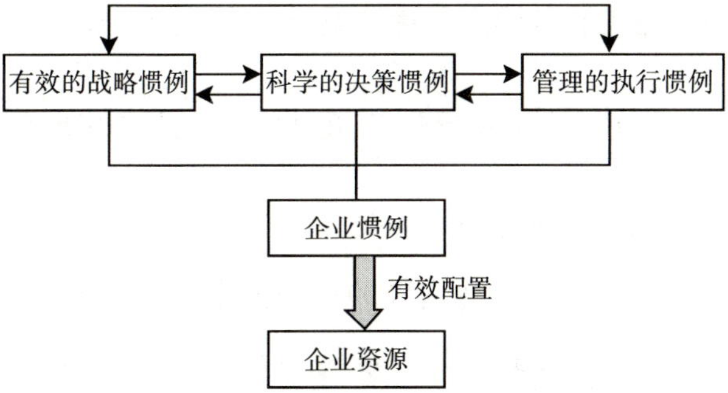

图 4-5　企业惯例对企业资源的有效配置

题，可通过有效的企业战略惯例进行。这里的有效企业战略惯例主要解决资源配置过程中“做什么”（Do What）的问题，因而是企业资源配置的第一步。

（2）依据企业的现状和预期目标的差距，根据企业的战略确定企业具体活动的方向、内容和方式。这主要涉及如何把有效的企业战略落实到具体的行动上，可通过科学的决策惯例来实现。这里的科学决策的惯例主要解决资源配置过程中的“如何做”（How Do）的问题，是企业资源配置的第二步。

（3）根据有效的战略惯例确定企业资源配置的总体方向和科学地决策企业资源配置的具体方向，并依据一定的规律、原则和方法，有效地整合企业的资源以实现企业目标。这实际涉及企业的内部管理问题，可通过管理执行惯例来实现。这里的管理执行惯例主要解决企业资源配置过程中的“执行”（Carry Out）的问题。

上述三方面的资源配置活动是相互联系、相互影响的一个整体，它们共同完成对企业资源的有效配置，为企业在市场竞争中获取或培育自身的竞争优势奠定了坚实的基础。

（四）环境支持系统促进企业竞争优势的形成

1. 外部系统促进企业竞争优势的形成

从系统角度看，企业之外的一切要素构成一个大的系统，包括自然环境、人文环境等子系统。从事经济活动的企业经营所需的各种资源都需要从属于这个大系统的原料市场、能源市场、资金市场、劳动力市场等去获取。企业本身作为一个子系统，随时随地都受到企业外部系统的影响，像劳动力市场中供应的劳动力素质、工资水平、政府的政策和消费者的需求等方面的变化都会影响企业的经营。

外部系统犹如企业生存发展的土壤，它为企业提供活动必要的条件，也制约着企业的活动。[①] 由此可知，企业的行为受到企业外部系统制约，企业惯例也如此。但是外部系统也可以促进企业惯例的养成，进而对企业竞争优势的培育产生积极的影响。如美国的安利公司、微软公司与中国政府有着良好的关系，而且它们也不断地对此投资以维护原有的关系，这是其能在中国的市场竞争中具有强势的竞争优势的一个重要原因。又如房地产公司，往往因为和政府拥有良好的关系而获得稀缺的地皮，从而获取竞争优势。

---

① 周三多，鲁明泓，周传明. 管理学——原理与方法 [M]. 上海：复旦大学出版社，2002.

当然，企业外部系统对企业也有着消极的影响，如国家宏观政策突然大幅调整，或者突发自然灾害，如果企业应对不力，则会妨碍企业竞争优势的培育或损害企业已有的竞争优势。因而，关注企业外部系统的发展现状和趋势，并积极建立与外部系统的良好关系，可以为培育企业竞争优势提供有力的外部支持。

企业竞争优势的培育是一个系统工程，上文只是从有效的企业惯例、企业资源配置、企业核心能力的形成、外部系统的支持或企业文化的支持等角度总体上阐述了企业竞争优势来源的机理，这也是一般的理性逻辑。实际上，现实中还有其他因素也对竞争优势培育有着不可忽视的影响。

基于企业惯例的企业竞争优势来源机理为培育企业竞争优势提供一种积极的思路，这可以为下文中国企业寻求和培育自身的竞争优势奠定基础。

2. 企业文化促进企业竞争优势的形成

前文中阐述了企业文化的内涵，并指出了企业文化与企业惯例存在着密切的关系，两者可以“互惠互利”。因而，企业文化为企业竞争优势的培育提供有利的条件，有益于促进企业竞争优势的培育；而企业竞争优势一旦培育好，则可增强企业文化的力量，促进其良性发展。

从另一角度上说，企业文化犹如空气一样，溢满于企业的空间，无时无刻、无处不在地影响着企业的行为。所以，在培育企业竞争优势的同时，要重视文化建设。中国联想集团、海尔集团等企业在市场竞争中都有自身的竞争优势，这和它们良好的文化建设是分不开的。

三、本章小结

首先，本章阐述了企业惯例的特性及惯例与人的意识、心理的内在关系，指出人的心理支配着人的行为动机，而人的意识支配着人的行为过程，两者共同支配着惯例的形成。其次，在界定企业文化的基础上，指出企业文化深深地影响企业惯例，两者存在着密切的联系；企业文化在很大程度上决定着企业人员的行为方式，而该行为方式和企业惯例存在着交叉关系，即良好的企业文化有利于企业惯例的形成，也能促进企业惯例对企业资源的配置。最后，从战略理论的角度简要地综述了企业竞争优势的源泉理论，阐明了企业惯例也可以成为企业竞争优势来源的机理，指出企业惯例对企业竞争优势的获取和培育起着关键的作用。

总而言之，本章对企业惯例和企业文化概念的基本界定，为下文的展开奠定了逻辑基础；对企业竞争优势之源泉理论和机理的阐述为第六章（通过有效的企业惯例培育中国企业竞争优势）的行文展开奠定了坚实的基础。所以说，本章在全书中起到理论铺垫的作用。

第五章

企业竞争优势培育中存在的主要问题：企业惯例视角

一、非企业惯例问题及原因

（一）传统的经济及政治体制的负面影响

任何企业都是现实中的个体，不能脱离周围的环境而生存和发展，其中经济的、政治的体制是企业生存和发展的基本土壤。中国的企业也不例外，从历史和现实看，中国企业与环境的关系更为特殊，主要表现在以下两个方面。

1. 封建社会的经济、政治体制的残留影响

中国有着 2000 多年的封建历史，在封建社会农业最受重视，其经济基础是农业经济，这就决定了封建经济、政治体制

是与农业经济相适应的，是为建立在农业经济基础上的封建特权阶层服务的。所以商业经济在封建社会里是最不受重视的，商人的地位也相对低，往往受到社会各阶层的压迫。从某种程度上说，这种历史的因素对中国当今企业的生存和发展有着不可忽视的影响。

中国封建社会特有的政治经济文化以及社会结构，对中国社会各方面的发展产生了重大影响。直到今天，中国社会的发展依然受残留的封建制度影响。这种残留的封建制度在一定程度上导致了中国市场化进展的复杂性和扭曲性。目前中国市场化进展的一些扭曲、变形实际上就是这种复杂性和艰巨性的表现。这可以从中国 1978 年改革开放后企业的演进历程中得出阐释和证明。

之后，中国进入半殖民地半封建社会，商业处于一种畸形的发展状态。其后的军阀混战、抗日战争和解放战争也使中国没有精力和时间去关心商业的发展，也就无所谓企业经济的发展。当前，这种封建的经济、政治体制对中国企业获取自身的竞争优势依旧施加着其残留的影响。

2. 新中国成立至改革开放的计划经济体制的负面影响

1949~1978 年，中国经历了一个高度集中的计划经济体制时期，各企业都是应“计划”而生的。企业谈不上所谓的经营权和自主权，中国企业在这段时间内一直在这种高度集中的计划下生存。

现在看来，这种体制在很大程度上影响着中国企业的生存和发展，甚至是决定性的影响，以至于中国改革开放 30 多年，企业与具有官方背景的企业机构有着极其复杂的关系，而且是短时期内解决不了的。政府往往过多干预企业的活动，而企业往往紧靠政府，这样就不可避免会出现寻租、贪污等妨碍企业发展的问题。

不可否认，自 1978 年改革开放后，中国就开始迈上了市场经济道路，各种法律的出台和完善、政府机构的改革、国家领导人的英明决策等因素都积极地推动中国经济体制由计划经济向市场经济转变，为中国企业的生存和发展奠定了基础。但其中的有些问题仍不得不引起我们的重视，我们有理由相信这些问题仍对当今企业有着不可忽视的影响。

1949~1978 年，由于中国长期处于短缺经济时期而形成了许多不利于企业发展的市场要素，如政策和法规的不完善造成的“真空地带”。在政策放开一个时期后，各种形式和规模的企业便“应运而生”，即使到了 1990 年，由于人们的市场经济知识的相对欠缺，中国仍处于投资者不成熟时期，企业造市取胜的空子很多；加之又处于消费者不成熟时期，造名取胜甚至造假取胜的例子也很多，这是造成中国企业大起大落的主要原因之一。

适时的经济运行机制是中国企业生存和发展的基本前提。正如海尔集团的张瑞敏所说，经营企业要有“三只眼”，除了关注市场和企业之外，还要时刻关注客观环境。柳传志对朱镕基说，中国的政策风险仍是企业面临的重大问题，因为政策风险会提高企业外部环境的不确定性，给企业制定战略和计划带来不确定的预期问题；而战略和计划问题牵一发而动全身，影响企业的日常经营活动。

2001年加入WTO后，中国面临着国际化的激烈竞争。如今，外资已进入了中国的各个行业，中国企业不但要面对国内企业的竞争，还得和拥有强大实力的国外企业竞争。现今全球化进程加快，经济一体化也日益明显化，科技日新月异。在此背景下，传统的经济、政治体制对中国培育自身的竞争优势的负面影响就越发明显。

（二）不健康的行业竞争氛围

行业竞争环境与企业的关系就如鱼与水的关系一样，离开了水，鱼就无生存之处；同样，脱离行业环境的企业也无生存之地。因而，行业环境的不健康必定会给企业带来生存和发展中的种种问题，主要表现在以下几个方面：

1. 不健全的产权及经济和法律制度

当前，中国市场化的一个重大问题是，产权及制度的不健全和渐进式的改革。我们知道，中国在改革开放以前实行的是高度集中的计划经济体制，各种资源是国家划拨的；产量和销售量也是由国家“计划”的，即使中国实行改革开放后，经济体制进行多方面的渐进式的改革，许多方面改革得仍不彻底，这也许和中国的中庸思想的文化传统有很深的关系。如今，中国经济仍处于计划经济体制向市场经济体制的转轨中，依旧存在许多问题，其中一个重要问题就是产权的缺失及制度的不健全。

中国过去的资源配置靠计划加行政命令，市场化改革之后，资源配置靠市场和行政干预。这样，政府手中仍掌握大量的资源，但是却缺乏相关的产权约束来规范资源的使用。于是，中国的企业家需要花大量的精力、时间和金钱等资源处理与政府官员的关系，从而导致腐败、寻租等问题，也导致资源配置的严重扭曲，中国企业不但要负担经济活动的成本，还要负担一部分市场之外的交易成本。

从体制层面看，中国的市场经济改革是以渐进方式进行的，涉及市场经济与公有制经济相结合的问题，这是一个相当重大和复杂的问题。我们是“摸着石头过河”，没有经验可以借鉴，这常常使得政府在制定及修改相关产权、经济和法律制度方面存在着不确定性，这就给中国企业带来了政策风险问题，甚至在某种程度上，政府的政策左右着企业的生存和发展，如北海“房地产泡沫”、巨人集团的倒闭等都和当时的政策调整而带来的不确定性有着很大的关系。

近年来，中国企业改制及经济、法律制度建设的滞后带来了严重的腐败问题：20 世纪 90 年代以后，主要体现在生产要素市场上，如土地、资金、证券等领域的腐败，健力宝总裁张海被拘留及科龙企业的资金问题就是很好的明证。在这些要素市场上，利润空间相当大，而这些领域的市场化程度又较低，因而权力很容易渗透进去，并从中获取非法收入，在今后相当长的时间内，这仍是中国企业不得不面对的一个令人头疼的问题。

2. 市场经济中的信用缺失

据《中国青年报》报道，中国每年逃废债务造成的直接损失约1800亿元，由于欺诈造成的直接损失约55亿元，产品质量低劣和制假售假造成的各种损失至少2000亿元，由于“三角债”和现款交易增加的财务费用约2000亿元。据统计，近年来合同交易占整个经济交易量的30%，合同履行率只有50%左右，此外，企业拖欠银行贷款大幅度增加。[①]

上述这些数据说明中国市场经济中存在着信用问题。经过20多年的经济体制改革，中国已初步建立社会主义市场经济的基本框架，但是信用体系建设滞后，信用发展程度依旧与社会主义市场经济的发展不相适应。当前，中国出现的假冒伪劣、逃债骗税和商业欺诈等信用缺失现象，成为严重困扰社会经济生活的问题。

信用是交易活动中最重要的资源，信用的缺失大大增加了社会的运行成本，也增加了企业的交易成本，使得企业在交易时不断地考虑对方的意图，防止上当受骗，以至不得不签订合约，而不守信用的人又千方百计地寻找合约“漏洞”，以从中牟利，这就使得企业的交易成本增加，导致企业的生产成本提高。《大失败》一书的作者认为当前中国存在普遍的“信用危机”，主要表现在以下三个方面：从政府角度来说，是信用制度缺失；从企业角度来说，是信用管理缺失；从个人角度来

① 卢现祥. 西方新制度经济学［M］. 北京：中国发展出版社，2004.

说，是信用意识缺失。从山西假酒到河南毒米，从厦门远华走私案到广东虚开增值税发票等都反映出这一问题。[①]

导致信用危机主要有以下几方面的原因：

（1）传统文化的原因。信用是一种价值观，根源于文化及历史传统。中国封建社会盛行的权谋使人不讲信用，钻空子。大臣讨好皇帝需要谋略，地方官员讨好皇亲贵族也运用谋略。如今，中国企业的许多领导人也运用谋略讨好政府官员。而谋略往往成为人们处理人与人之间关系的基本手段，也制约了合约经济、法制经济的产生。

（2）中国制度约束软化的原因。随着中国改革开放的深入，与市场经济相关的法规、规则不少，但是得不到执行，制度形同虚设的现象特别严重。中国人民大学经济学院院长柳瑞龙在研究农民工工资问题时，也发现了这一现象。中国的一些执法机构往往和商业团体、企业有着千丝万缕的经济利益关系，从而导致有法不依、执法不严等现象的出现。

（3）信用相关的一些专门制度如信用评估制度、信用担保制度、个人信用制度不成熟，没有形成健全的社会信用体系。

（4）中国居民信用文化素质低下，企业缺乏诚信经营的意识。

3. 传统文化的权谋思想

中国有着 2000 多年的封建历史。在封建社会里，没有真

---

① 王国刚. 大失败［M］. 北京：科学技术文献出版社，2003.

正独立的商业文化，等级观念相当严重，这种根深蒂固的思想仍对中国企业的领导人有着不可忽视的影响，中国的一些企业家也是以这种思想来领导企业的运作。

对比来看，西方的现代企业文化产生于古希腊、罗马城邦商业经济，以签订契约、法制为前提，而中国的商业文明则产生于农业经济。西方的法制、契约导致的结果是私有财产的保护和经济的独立，中国传统通法的制约却导致私人财富的不合理性及对政府的依赖，因而中国企业家善用权谋来管理企业，获取资源。

中国传统文化的权谋思想也深深烙印在中国某些企业家的身上，而企业家的性格是其行为的逻辑起点。中国企业的一些领导人正是凭借权谋与政府官员打交道，谋取企业生存和发展所需资源，进而获取个人的私利。权谋思想交织在一起的结果是对权力与权威的崇拜，这种心理深深影响企业的经营管理全过程，以致企业官员不断用金钱甚至用美色去获取政府官员的垂青，从而得到派生的权力，并且利用这些权力来经营企业。这种复杂的交织关系也导致企业有政府官员支持的背景，甚至有的企业股东就是政府官员。

中国一些企业的坍塌在很大程度上是由这种权谋导致的；而在短期内，中国难以杜绝这种权谋思想，这就给中国企业培育自身的竞争优势带来种种麻烦。

二、企业惯例问题及原因

不可否认，传统的经济、政治体制和不健全的行业竞争氛围对企业的生存和发展有着至关重要的影响，但最根本的影响因素还是企业自身存在的主要问题，下面从企业惯例视角对此进行阐述和原因分析。

（一）战略缺失

当前中国企业自身面临的问题很多，但战略缺失恐怕是根本性的。王国刚主编的《大失败》一书中就认为中国企业普遍存在战略缺失问题。[①] 中国战略管理学者姜汝详在《差距》一书中讲，以经营者为驱动力的机会型发展和以制度和文化为驱动力的战略型发展之间的矛盾是大部分企业目前面临的最主要矛盾。[②] 由此可见，两书的作者对此问题的看法是高度一致的——战略缺失问题是当前中国企业面临的主要问题之一。

导致中国企业存在这一企业惯例问题的主要原因有以下几点。

---

① 王国刚. 大失败［M］. 北京：科学技术文献出版社，2003.
② 姜汝详. 差距［M］. 北京：机械工业出版社，2003.

1. 体制性原因

中国当前仍处于新旧体制转轨的过渡期，法制还不十分健全，各种“空子”很多，以至于给企业带来各种获利的机会。在有些行业里，突然得到或通过经营“关系”而获得与政府官员的特殊关系，就可以获得某种特殊资源，并因此获大利，从而获得企业竞争优势。

上述这种情况使企业不去考虑企业的长远发展问题，不去考虑企业的战略设计问题；甚至有些企业领导人蔑视企业战略理论，而把心思花在“关系”投资上，花在与有实权的人物打交道上。

应当说，从中国深层的体制和现实角度看，企业领导者不重视企业的战略问题是有理可依，有据可循的。这种做法短期内也许可以使企业获得暂时的盈利，但从长期来看，给企业带来的不利影响非常大。

2. 文化传统原因

在中国的文化传统特别是商业文化中，企业领导者缺乏对商业经营规范和价值公理的遵循，缺乏建立在逻辑分析上的战略思维。而在事关企业的重大决策中，感性思维往往运用过多，有的甚至是用“拍脑袋”方法做出决策。

巨人集团倒闭就存在这一原因，史玉柱在考虑建造巨人大厦的楼层数时，因为个人主观原因从最初的 19 层几经修改，最后将其“拔苗助长”为 70 层；在其 IT 行业基础不稳的情况下贸然进入保健品行业和房地产行业，最终使“巨人”走向灭亡。同样，三株公司的吴炳新也“自行一套”，忽视战略。他和史玉柱都崇拜毛泽东，运用毛泽东的军事思想来指导企业的经营，都曾取得一定的战果。可是，须知毛泽东的军事战略思想是一定历史条件下的产物。虽然说商场如战场，但两者的区别还是很大的，战略可以不守规则，而商场则必须遵守市场法规制度。

战略缺失导致企业惯例对企业的配置失去了方向，跟着感觉走，这样不可能使企业的资源得到有效的配置，形成企业的核心能力的机会很小甚至没有机会，结果导致中国企业在市场竞争中难以培育或没有自身的竞争优势。国外企业大量涌入中国，使得市场竞争更加激烈，战略缺失导致中国企业在与国外企业的较量中，很难占据优势。

（二）决策缺陷

国学大师林语堂学贯中西，对人性有独到的研究。他认为中国人办事合乎逻辑和法律还不够，同时必须合乎人情。而从现实来看，中国企业办事，更加注重遵循“潜在规则”和人情。①

应当说，在中国，不论企业领导还是平民百姓都有这种行为惯例倾向——过于遵循“潜在规则”和人情。在中国这种环境中成长的企业是避免不了这一问题的，中国企业领导人很难

① 罗珉. 管理学范式理论研究［M］. 成都：四川人民出版社，2003.

把握好这个度。而且往往有些企业借此搞好和政府的关系，获得资源，据此获得企业的竞争优势。结果这又强化了企业决策的这种非理性行为，周而复始，最终给企业带来致命的伤害。

除此之外，在创业阶段，企业往往凭借果敢的决策对市场做出迅速的回应以抓住市场机遇。这种决策行为潜含了相当多的非理性，在创业阶段，这似乎对企业无所损害，往往正是这种决策行为使企业回避了市场风险。但是企业发展到一定阶段后，原来烙印在企业领导人身上的那种决策行为缺陷就日益明显，这时更需要理性化的决策。

当年“巨人”倒地，“秦池”病重，“爱多”伤心，“三筑”枯萎等，都没能走出“各领风骚三五年”的怪圈，这和其企业领导人过于遵循中国的“潜在规则”和非理性化的决策行为有着重大的关系。

当然，由于人们决策能力的有限性和环境复杂变化所带来的信息不对称，客观上也给企业决策造成了很大困难，也是导致决策行为缺陷的又一重要诱因。

如果说战略缺失使得企业惯例对中国企业的资源配置失去大的方向，那么决策缺陷则使得企业在具体活动中迷失了方向，同样也导致不能有效地配置企业的资源，进而导致中国企业在市场竞争中很难培育自身的竞争优势。

（三）非持续有效的学习惯例

不论从现今中国企业所面临的竞争环境的激烈程度来说，还是从企业自身的生存和发展角度来说，持续有效地学习对企业都是至关重要的。TCL 公司就是通过不断地学习，并借助互联网思维进行管理转型而获取和保持竞争优势的（见案例专栏 1）。

案例专栏 1

TCL 公司借助互联网思维进行管理转型而获取竞争优势

图片来源：http：//www.tcl.com/.

一、公司介绍

创立于 1981 年的 TCL 集团股份有限公司是中国最大的、全球性规模经营的消费类电子企业集团之一。30 多年来，TCL 从广东惠州生产磁带的小合资企业，将业务逐步拓展到电话、电视、手机、冰箱、洗衣机、空调、小家电、液晶面板等领域，创造了多个第一：中国第一台免提式按键电话、第一台 28 寸彩电、第一台钻石手机、第一台国产双核笔记本电脑、全球首款商用 3D 立体液晶电视、首台互联网电视，并率先推出全球最大 110 寸四倍全高清 3D 液晶电视。

20 世纪末，TCL 通过一系列自主品牌推广和跨国并购实践，奠定了坚实的海外市场基础，成为中国企业国际化的“领头羊”。聘用75000名员工的TCL遍布亚洲、美洲、欧洲、大洋洲，在全球80多个国家和地区设有销售机构，并在全球拥有23个研发机构和21个制造加工基地。

TCL集团旗下拥有3家上市公司，分别是TCL多媒体科技、TCL通讯科技和通力电子。目前已形成多媒体、通信、华星光电、家电集团、通力电子五大产业以及系统科技事业本部、泰科立集团、新兴业务群、投资业务群、翰林汇公司等业务板块。

二、如何借助互联网思维进行组织变革

1.“智能+互联网”。TCL所讲的“智能+互联网”指的是怎样利用互联网的思维来更好地开展TCL的业务。目前TCL通讯已开始构建个人云系统、家庭云系统、视频通信、支付系统四个核心项目。在整个云战略中，TCL将从个人一直到家庭、到社区、到企业、到大的智慧城市，逐步发展TCL的服务群，在“智能+互联网”战略指引下，可以实现有意义的移动，使用TCL所提供的服务。

2.“产品+服务”：从经营产品到经营用户。“产品+服务”指的是从以经营产品为中心转向以经营用户为中心。TCL基于市场洞察和用户入口战略，通过适当的用户入口，把不同种类的用户吸引过来。TCL的“云层”服务，可通过互联网远程对家里空调、洗衣机、安防远程监控，

同时也可通过外部的互联网实现家庭和家庭之间的各种内容分享。

3. 让用户告诉 TCL 该做什么。TCL 要从以自我为中心变成以用户、客户为中心，为用户提供极致体验的产品和服务。TCL 以用户为核心，实施“产品+服务”、“智能+互联网”定位，通过用户体验来驱动产品的智能化，基于互联网大数据、云计算的应用，面向用户，形成“产品+服务”的新商业模式。建立满足战略转型要求的开放、协同、融合的业务流程和组织体系。

三、如何实施变革

1. 产品和服务的变革。变革后的 TCL 产品由四大品类组成：智能健康电器、智能电视及机顶盒、智能家居及家庭云、智能移动终端及可穿戴设备。服务领域将聚集于四大业务群：应用服务、金融服务、O2O 和内容。其中应用服务指的是欢网科技、OTT 业务和全球播业务；而金融服务则指的是财务公司、银联支付、小额信贷、第三方支付和消费信贷；O2O 主要是涉及线上、线下的整合，业务集中在客音服务、速必达、酷友、地面体验店与专卖店；内容则是 mMAX、TCL 文化传播、游戏、网络孔子学院和奥鹏教育。

2. 技术的变革。“变革创新，知行合一”被 TCL 人贯彻执行到包括技术研发在内的各个环节，逐渐形成了以一个模式（逆向创新模式）和三大要点（从引进吸收到自主创新，从局部创新到全面创新，从外围技术到核心技术）为特色的科技创新系统，为TCL产品技术的不断推陈出新打下了坚实的基础。

3. 流程的变革。TCL从塑造品牌的潜意识期到国际化的品牌时代，一直都存在着流程的变革。前期的TCL强调产品的诉求，以产品带动品牌、相对弱化TCL品牌的主观塑造。而后，进行了再定位及品牌延伸，弱化了TCL等同于电话机的品牌定位，着力宣传TCL集团，使TCL很快上升为企业品牌；同时导入CIS战略，打造企业形象，看好并重视广告宣传和企业社会责任。接着，TCL设定了企业的发展目标，采取“全传播”的品牌策略，将企业日常的广告、新闻传播、CSR（企业社会责任）全部与企业品牌战略结合起来。

4. 思想的变革。TCL对内部进行了观念的调整，从传统思维向互联网思维转变，这就要求人们考虑问题的角度要发生变化；对公司组织架构进行调整，对资源进行整合。

四、成功经验

1. 紧抓时代机遇。互联网时代的来临，让以传统模式经营的TCL赚了个盆满钵盈。2013年，TCL集团的经营规模、营收水平均创出了历史新高。过去，TCL在国内外经济形势依然严峻的大环境下，正面临智能与互联网大潮的猛烈冲击。新产品形态、新商业模式、跨界竞争层出不穷。用互联网思维转变经营观念，从以经营产品为中心到以经营用户为中心；重构组织及流程，强化智能技术、互联网（云）技术及软件、应用能力，完成战略转型布局；着力建立和培育服务用户的能力，并在为用户提供服务中创造更多价值。

2. 紧扣客户需求。TCL 效法小米、乐视等互联网企业建立 TCL 的用户群，建立 TCL 用户社区，如“TCL 铁粉群”之类的用户社交圈，让用户有兴趣在社区内互动交流，通过这种社区的建立，也让用户参与到产品设计、研发测试、评价等环节。能够在一些新的经营模式方面，根据用户的需求，为用户提供后续的服务，为用户创造价值的同时，也给自己带来新的价值。

3. 紧贴技术核心。TCL 建立了以技术中心为管理机构，以研究院为前瞻及核心技术储备，以企业为产品研发中心的分级管理、以重心向下为特色的复合式研发体系结构，使 TCL 真正做到了研发一代，储备一代。TCL 对科技人员制定了多项人才激励制度，包括“最具创新奖”、“最快成长奖”、“专利奖”、“技术创新奖”、“推荐人才伯乐奖”等奖励政策，薪酬体系向研发人员大力倾斜，建立可持续的人才发展基础和机制。拥有国际先进水平的开发软件、仪器、设备5000多台（套）；研发办公面积6万多平方米；拥有CNAL国家产品认可认证实验室9个；与国际知名公司的联合实验室6个；博士后工作站1个，研发投入18亿元。

五、结论与启示

“福兮祸之所倚，祸兮福之所伏”，这句话似乎暗合了TCL。李东生接受媒体采访时的那句“TCL集团的跨国并购，到今天可以说是成功的”，无意间透露出了其久违的自信。

正是有了TCL的变革与努力，才有彩电业务依然坚守欧美市场，并正在打造液晶全产业链。从这个意义来讲，TCL从一个中国企业变成一个国际化企业，取得了阶段性的成功。如果没有TCL的变革，TCL的彩电和手机业务未必能坚持到现在，也不会有如今的业绩，更不会有目前国际化的TCL。

资料来源：曾国华，庞玉兰，嵇国平，余来文. 管理学——理论、应用和中国案例［M］. 北京：经济管理出版社，2015.

国务院发展研究中心《人力资源报告》有关“企业实施培训对改善员工绩效的作用”的调查也证明了这一点。其对各类合同企业抽样调查结果表明，认为效果一般的占59.4%，认为几乎没有效果的占13.6%，这说明中国企业的学习方式存在很大的问题。[①]

① 加里·胡佛. 愿景［M］. 北京：中信出版社，2003.

可以说，中国企业不可谓不重视学习，中国大学的 MBA、EMBA 招生如火如荼，各种培训、咨询方兴未艾就可证明这一点。所谓的国外大师，如营销大师菲利普·科特勒，战略大师迈克尔·波特经常出入中国，“你方唱罢我登场”，为企业高层管理者“传道、授业、解惑”。可是“大师”来时“雷声轰轰响”，“大师”走时却“不见雨点下”。

中国企业缺乏有效的学习模式，已成为企业的一种普遍现象。究其原因，可从以下方面来考虑：

其一，中国大部分企业的学习模式存在问题，如图 5-1 所示。

图 5-1　传统学习模式

这种学习模式在中国教育界和企业界几乎已经根深蒂固。从图 5-1 中可以看出，接受者如企业学员是被动接受者，学员是知识的接受者，教师是知识的发送者，学员只是被动地学习知识。这种没有经过学员自身实践的知识很难被理解和接受，更别说应用了。从人性角度上说，这种学习压根就没考虑学员的真正需求，只进行“灌输式”的、“填鸭式”的教育。实际上，学习必须经过实践，才能真正转化为能力，这样的学习才更有意义，对企业的发展更有利。

其二，在大兴“学习型组织”的今天，倡导学习是符合时尚的举动。企业的领导者一般都会强调学习对企业发展的重要性。但在动真格的时候，学习往往又会被排挤在难以引人注目的角落里。一方面，管理者更加关注解决眼下问题，解决所谓的实际问题，如这个月企业的任务指标是否达到，应该提升小张还是小王，这种现象在国有企业表现得更明显。另一方面，许多企业管理者，只是觉得学习是为了跟上社会形势，了解一些最新的说法，以免自己在公开场合讲话时显得太落伍，如果能从中得到一些启发就再好不过了。但从本质上看，他们往往从骨子里认为学习没什么用，解决不了企业的真正问题。而现今很多的咨询项目、培训又往往验证了这种情况的真实性，如此这样，企业管理者就越发在心里加深这种看法。

不能说中国企业不重视学习，但是却缺失持续有效的学习模式，这就使得企业的学习很难转化为企业的能力；而且，当前的环境客观上也要求中国企业转变学习的方式、态度，并努力地去寻求一种持续有效的学习方式。

三、本章小结

本章依据企业的行为方式和企业经营的范围，把培育中国企业竞争优势所存在的主要问题划分为企业惯例问题和企业非惯例问题。

首先，从中国传统的经济、政治体制视角来看，中国经历了一个比较长的封建社会历史时期，之后又进入半殖民地半封建社会，这就决定了中国社会的商业经济在很长的时期内处于畸形的发展状态；新中国成立后又经历了高度集中的计划经济体制，企业谈不上所谓的经营权和自主权。在改革开放后，中国企业才迎来了发展的春天。

其次，中国存在不健康的行业氛围，主要表现在产权和经济、法律制度的不健全，传统文化的权谋思想和市场经济中的信用缺失三个方面，并分析了存在这些问题的原因。

最后，从企业的角度阐述了培育企业竞争优势存在的战略缺失、决策缺失和缺乏有效的学习惯例三个主要问题，并分析导致这些问题的原因。

|第六章|

培育企业竞争优势的基本对策：企业惯例视角

一、健全产权及经济和法律制度

就单个企业的竞争优势培育来说，不但需要企业自身的坚实基础，而且还需要良好的行业竞争氛围的支持，本章结合上文提到的中国非健康的行业氛围方面，尝试提供一些对策。

制度是人的习惯性行为的结果，是"一套行为规则，用于支配特定的行为模式"，[①] 新制度经济学家认为制度的基本要素由认可的非正式约束、国家规定的正式约束和实施机制三方面构成。制度通过提供一系列规则界定人们的选择空间，约束人

① 卢现祥. 西方新制度经济学［M］. 北京：中国发展出版社，2004.

与人之间的相互关系，从而减少环境的不确定性，减少交易费用，保护产权，从而有益于企业惯例和中国企业竞争优势的培育，下面对此提供一些思路。

（一）完善已有的制度

中国的市场经济是“摸着石头过河的”，因此随着市场经济的发展，一些产权、经济和法律制度就需要不断地完善。

1. 深化经济体制改革

在改革中发现已出台的相关制度有缺陷和不足之处，目前应尽快健全、完善市场经济体制和社会控制机制，从而形成一套完整的体系，有效地促进中国经济社会的良性发展，从而为中国企业培育自身竞争优势创造良好的外部条件。

2. 完善制度的各种约束

一是完善政府行为，市场这只“看不见的手”存在固有的缺陷，因此需要政府行为的干预，在发展中国家更是如此，应当利用其后发经济优势，健全、完善制度，培育、发展和监管市场，完善宏观调控；但是，政府的干预必须控制在适当的范围内，必须克服政策缺陷，防止过激行为；防止政府滥用权力干预市场部门、防止行业垄断和地方保护主义等破坏市场秩序的行为。二是完善法制约束，做到有法必依、执法必严、违法必究，当然这还需要有利于维护市场秩序的法制意识。

3. 完善制度中的非正式约束

创造中国企业培育竞争优势的良好环境不但要靠外在强制

力——正式约束，还必须依靠更广泛的、构成社会制约基础的内在的和社会的精神力量——非正式约束——道德。

（二）出台新的制度

当前，中国经济体制依旧处于转轨中，随着中国改革开放的发展，客观上需要新的制度来促进经济的发展；特别是在当前中国已加入 WTO、市场竞争日益激烈的情况下，就更需要适时出台新的产权、经济和法律制度来为中国企业竞争优势的培育保驾护航。

具体来说，可从以下方面着手出台新的制度：

（1）立法机构要不断地密切关注市场经济和现实情况的变化，对此进行科学的调研和论证，如经常召开听证会，以听取民众的呼声。

（2）完善信访接待。中国民众的很多问题往往由于制度出台的滞后而得不到解决，而信访接待制度非常有利于中国政府了解现实中的问题，以便出台新的制度。

（3）适时出台新的制度。在进行了上述充分的准备工作后，就应及时地颁布、制定新的产权、经济和法律制度。

（三）建立有效的实施机制

中国并不缺乏制度创新的能力，制度得不到真正实施的根本原因是，中国缺乏实施制度的环境和条件，因此健全中国制度的关键是建立有效的实施机制。

具体说来，建立有效的实施机制应该考虑以下几点：

（1）注意制度可行性、可操作性及运行的成本。

（2）减少制度实施人的可变余地。

（3）保障制度的权威性和严肃性。

（4）提高市场经济中的违约成本。

（5）防止个人或领导凌驾于制度之上。

（四）推动社会力量的监督

1. 引导消费者运动

消费者运动是指由众多消费者参与其中的运动，主要目标是表达出心中对于自身的消费权益、市场交易规范、社会公平公正的基本要求。在当今社会经济大发展的前提下，政府逐渐地淡出经济领域和社会生活领域，为经济的发展和社会公众的活动提供了更加灵活的空间。但是传统上，我国发动大规模的社会公众运动多为国家力量的动员，作为个体的消费者要组织一项社会运动来监督企业履行社会责任所付出的成本是非常高的，因此，引导需要做到以下几点：

（1）政府及企业必须认可并且适当地介入消费者运动，对其进行引导和规范，政府在其中不仅充当消费者及其运动的监督者，而且还充当消费者和企业之间的联系人。当消费者发现企业存在相关社会责任问题和反映这些问题时，政府要为其提供适当的资源和法律支持。

（2）在我国许多消费者看来，当企业不履行社会责任而造成了自身权益受到侵害时，与其花力气组织社会运动来对企业施加压力，还不如由国家直接对企业进行处罚。因此政府应该积极地倡导消费者更新固有的观念，鼓励和引导消费者保护自身的合法权益，进一步表达消费者自身对于企业履行社会责任的追求和关注。

（3）企业应该尊重并且重视消费者在社会责任方面的追求，广泛参与消费者运动，对消费者的建议虚心接纳，并以此作为企业发展方向，鼓励消费者对自身运营及发展提出宝贵的意见。

2. 发展非政府组织

非政府组织中有两类组织与企业社会责任有关：一是代表了特定利益相关者群体利益的组织，这种组织发挥着压力团体的作用；二是超越了特定利益相关者群体利益的组织，这类组织发挥着平衡各方、各阶层利益的作用。个体的利益相关者无法与企业相抗衡，也缺乏必要的对话渠道，所以，只有把这些零散的利益相关者组合起来才能形成稳定的力量，通过建立与企业平等对话机制，监督企业履行社会责任，对其不当行为进行批判及纠正。

事实上，在西方发达国家，利益相关者或者社会公众组建的劳工组织、女性组织、宗教团体以及其他的能够与企业平等对话的非政府组织是推动公司及企业履行社会责任的中坚力量。[①] 我国政府应该鼓励并支持这些非政府组织的组建和发展，给予其适当的发展空间，使其成为能够真正督促企业履行社会责任的强大社会力量。

3. 重视新闻媒体的作用

新闻媒体凭借其特殊的公信力及广泛的覆盖面能够在短时间内在社会上制造各种舆论压力，对社会产生较大的影响。在推动企业履行社会责任的前提下，新闻媒体应该发挥以下作用：

（1）进行有效的监督。准确来讲，是新闻媒体凭借其广泛的受众面，将企业履行社会责任的情况公之于众，引起广大受众积极的舆论响应。

（2）促进理念的传播。鉴于我国的现状，新闻媒体应该大力促进社会责任的相关宣传，逐步使经营者及公众认识到社会责任的具体内容、承担方式和实际意义，深化他们的认识以及理解，促进社会责任理念在我国的广泛传播。

（3）激励企业履行社会责任。新闻媒体可以采取举办颁奖会、大众评选或者网络投票的方式来对那些积极履行社会责任的企业进行表彰和鼓励，使好的企业及好的经营者作为一种企业社会责任文化的标杆，吸引众多的企业及经营者参与进履行

① 谭深，刘开明. 跨国公司的社会责任与中国社会［M］. 北京：社会科学文献出版社，2003.

社会责任的潮流之中。[①]

二、建立有效的信用机制

在市场经济条件下，讲信用、守约不仅是一种美德，更是一种无形的资产，这对于中国企业培育自身的竞争优势相当重要，有效的信用机制可以节约交易成本，节约时间；也可以提高企业的知名度、声誉度。

（一）明确信用缺失者的法律责任

虽然中国有很多规范商品交易的法律，但由于对债权人的保护还不够完备，还没有能够对信用缺失行为产生应有的威慑作用。

首先，在立法上要贯彻债权人主导和充分保护债权人利益的原则，强化违约责任追究；其次，对债务人的违约要制定更加严厉的赔偿和惩罚规则；最后，要完善法律中对欺诈和非法侵占等恶意背信行为的有关规定，依法严惩此类犯罪。只有如此，才会对信用缺失者产生足够的威慑作用，才有可能杜绝信

① 舒强兴，王红英. 企业社会责任信息披露问题的探讨［J］. 财经理论与实践，2006（6）.

用缺失行为的发生。

（二）逐步完善政府的信用体系

各级政府不仅是市场经济有力的参与者，也是宏观经济主管主体，对我国有效的信用机制的建立起着至关重要的作用。具体可以从以下几个方面逐步完善政府的信用监督和管理体系：

（1）转变政府职能，将传统的行政管理模式转变为经营的公共管理模式，把“营造环境，维护秩序”作为政府职能的一大定位。

（2）规范政府行为，形成相对稳定的运行体系。

（3）充分运用技术与网络的支持，逐步建立信息发布、信息共享和网络化的信用体系，实现市场主体信用资料的查询、交流及共享的社会化。

（4）政府还应强化对与信用相关的注册会计师、审计师和律师等专业服务领域的机构和人员的监督管理。

（三）提高失信成本

信用缺失的行为动机主要是经济利益，因此要解决这个问题还必须从经济利益上考虑，可从以下几个方面着手：[①]

（1）采取让诚实信用者获得经济利益的示范效果和信用缺

① 王国刚. 大失败［M］. 北京：科学技术文献出版社，2003.

失者付出巨大代价的惩罚性效果来引导信用缺失者的行为，采取切实可行的手段保护诚实守信者的合法权益。

（2）在实际工作中，必须以保护诚实守信者的合法权益为原则，让信用缺失者付出巨大的代价。对于诚实守信者，金融机构在提供服务时，可以采取优先服务的方式，政府机构可采取在全社会范围内给予物质奖励的方式，使诚实守信者获得实际利益；对于信用缺失者，金融机构可以采取拒绝与其发生业务往来等手段，政府机构可以采取对其进行处罚直至追究法律责任的手段，使信用缺失者付出沉重代价。

（3）运用市场机制发挥惩戒作用。随着中国加快市场化进程，要善于运用市场手段提高失信者的经济成本和风险代价，让失信者无利可图甚至做不成生意。

三、培育有效的企业战略惯例

《大失败》和《差距》两书的作者都认为当前中国企业普遍存在战略缺失的问题，[①②] 这方面也是中国企业与国外企业存在的一个显著区别，关系到企业能否持续发展。

① 王国刚. 大失败［M］. 北京：科学技术文献出版社，2003.
② 姜汝详. 差距［M］. 北京：机械工业出版社，2003.

当前，中国企业面临的竞争越来越激烈，而且中国国情有其特殊性，如产权、法律制度不健全，传统文化权谋思想等，中国企业在这种生长环境中，如何形成有效的战略惯例，从而有助于企业获取竞争优势？结合有关战略理论和中国企业实际情况，本书提出如下战略思路，如图 6-1 所示。

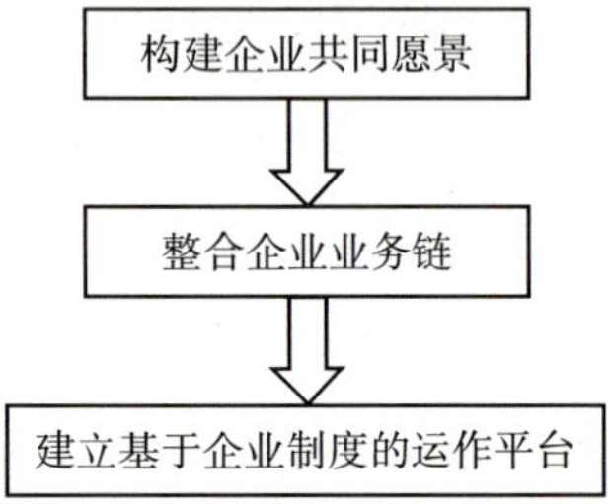

图 6-1　树立有效企业战略的模式

（一）构建企业共同愿景

共同愿景（Shared Vision）本意是指共享的景象和共同的愿望，企业的共同愿景本意是企业所有成员共同的愿望和共享的景象。[①] 企业的共同愿景到底是什么？美国学者加里·胡佛认为愿景指"人的一种意愿的表达"，这种意愿的表达应具有清晰性、独特性和持久性等；[②] 复旦大学芮明杰教授认为愿景是指"组织中所有成员共同的意愿"，[③] 本书认同这两位学者的看

---

①③ 张新华，范宪. 识别、构建和保持企业核心竞争力［J］. 复旦学报（社会科学版），2002（5）.

② 加里·胡佛. 愿景［M］. 北京：中信出版社，2003.

法，认为企业共同愿景是企业在生存和发展的过程中所形成的企业所有员工发自内心的意愿，构成要素包括企业价值观、目标和使命等。

基于愿景的含义和构成要素，本书从以下角度来构建企业共同愿景。

1. 培育共同语言

共同语言是指企业中“员工一致使用的语言”，它对企业形成统一思想、保持步调一致尤为重要。企业领导者或创始人对企业形成共同语言起着关键的作用，因为他们往往能看到别人看不到的东西，提出别人提不出的问题；他们擅长将洞察力与策略相结合，描绘出具有鲜明特点的企业蓝图。所以领袖所提倡的，往往一呼百应。

共同语言是可以培养的，一般情况下，存在以下几种方式：一是将企业创始人或领袖的语言发展为企业的共同语言，这一点在大多数企业中都可以看到；二是将企业制定的官方语言强制性灌输给全体员工，并最终形成以此为基础的共同语言；三是在企业生存和发展过程中将企业某些小团体的共同语言引申为企业的共同语言。

2. 实现自我超越

每个人心中都有自己的心智模式，但有的心智模式不适合企业的发展，不能为企业的目标实现做出贡献。在这种情况下，个人就要勇于突破自己的局限，打破现状；企业领导在此方面应鼎力支持。

要实现自我超越，首先要有自己追求的目标，这种目标可指引员工努力的方向，可激发员工的内在力量；其次，人只有通过学习，才能不断地接受新事物，才能在学习中感悟，才能发现自己原来的想法和能力所存在的不足，才能不断地进步；最后，要不断地反思自身所存在的问题，并在实践中改进。

3. 开展团队学习

团队学习是指企业中的一个小团队的群众学习，可以成为企业进行学习的基本单位。企业员工在团队中能形成更好的学习氛围，激发灵感，促进反思；能更好地共享彼此的智慧，有利于共同语言的形成。

在现代企业中，团队学习必须注意：一是在团队学习的过程中，要保持协调性；二是要开展创新性的活动，在实践中创造新的学习方式，发挥全体成员的积极性；三是在团队学习的过程中，要积极地汇聚众人的思想火花，并将之升华；四是团队学习需要练习。

（二）整合企业业务链

企业要形成良好的惯例，并通过其获取企业竞争优势，在战略高度上应整合企业业务链，其本质含义是：企业不仅要在当前盈利，同时要把今后的业务一并考虑，使之统一纳入不同的运作状态。

企业要获取竞争优势，一般要精心安排以下三层业务链：

一是核心业务，就是直接影响近期绩效，提供现金流以维持企业生存的那些业务。如联想的计算机业务就是其核心业务，它是企业的支柱，一旦倒下，整个企业就会坍塌。核心业务作为企业优先考虑的第一层业务，目的是要回答今天企业的盈利从何而来。二是增长业务，它是企业中正在崛起的新业务。三是未来业务，它是企业为日后发展而准备的种子。如果企业精心构造了三层业务链，该企业就极有可能获得持续增长的业务框架。①

在当前市场竞争环境日益激烈的背景下，企业更应从整体上安排这三层业务，随企业外部环境的变化而对之进行不断的调整。万科地产有效的采购管理对其业务链进行了整合，这是该企业能够在市场上获取和维持竞争优势的重要法宝（见案例专栏 2）。

案例专栏 2

万科地产高效执行采购管理而保持竞争优势

图片来源：http://www.vanke.com.

市场经济发展到今天，采购管理越来越引起房地产企业的重视，逐渐成了有效提高企业竞争力的关键因素。采购管理是房地产开发整个过程中的重要环节，对房地产质

① 王国刚. 大失败［M］. 北京：科学技术文献出版社，2003.

量、项目成本和项目工期目标有着直接的影响。

房地产企业采购与其他行业的采购相比，具有以下特点：采购是“零库存”的；采购的关联方非常多，交易极其复杂；采购种类很多，采购方式也多样；项目的独一无二性决定了战略采购实施的困境；房地产市场开发的区域性，导致了房地产业及建材业采购的相互制约；管理相对粗放，专业化的程度较低。

万科地产作为中国地产业的领头企业，其采购管理是成功的典范，主要特色如下：采用了多层次的采购模式；建立了统一的采购战略；搭建起了电子商务采购平台，使企业内部和外部的信息沟通得到加强；确立了“战略供应商”的概念。

一、万科采购的发展状况

万科在发展初期，采用的是分散的采购模式，其议价力不高。1992 年，万科开始确定其主要业务的发展方向为城市中高档居民住宅成片开发，进入 1999 年，万科成功调整转型后，进行了快速的扩张。采购的额度也同时随着扩张而加大，不断上升的成本严重影响了企业利润的增加，采购管理至此成了万科地产重点进行改革的部分。

2000 年，万科建立了中城联盟，此事件是万科开始运用电子商务平台进行统一采购的标志。万科与几大房地产企业率先组建了中城联盟，主要目的就是降低大规模的招标成本，提升招标过程采购管理的执行效率。1999 年 12 月，中国城市房地产开发商协作网络（以下简称“中城房网”）正式成立于北京。中城房网主要承担四个方面的功能：信息资源共享、协同学习培训、集体规模采购以及共同融资。2000 年 5 月，联动电子商务有限公司成立，万科统一采购的电子商务平台 www.a-housing.com 也随之产生。万科集团有明确的规定，强调每个分公司的采购都要在互联网上完成，利用互联网的特性，大幅度地提高了采购的效率。另外，招标的相关文件也都是在互联网上生成的，全部的交易资料都汇聚到了网上，有效提高了交易的清晰度和透明度，资料保存完整，利于管理，避免了历史资料由于人员或机构变动而可能丢失的风险。

万科在 2001 年 3 月编制了《材料设备采购规定》，这一规定成了万科采购管理中的标志性事件。此规定清楚界定了万科统一采购的总体性原则，万科采购模式从此便分成四级（见图 6-2）。

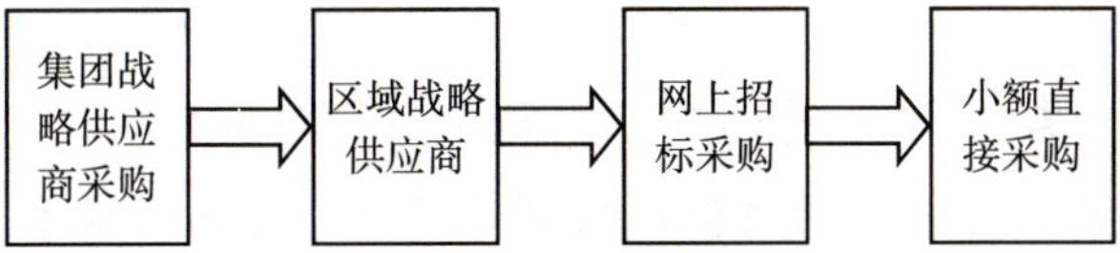

图 6-2 万科四级采购模式

第一，集团战略供应商采购。《材料设备采购规定》出台之后，战略供应商一词开始蔓延在万科。依据不同范围以及不同的合作级别，战略供应商被划分为集团战略供应商和区域战略供应商，集团战略的采购协调不同区域采购之间的合理配置。万科与百安居（建材巨头）在2006年签订了战略采购的合作意向，构建起战略联盟，至此北京万科的建筑装修等材料全部直接采购于百安居，而这样的战略合作使得万科能够从供应商的手上购买到比过去价格低得多的材料。

第二，区域战略供应商采购。万科的业务涵盖了包括长三角、珠三角、环渤海在内的三大经济圈和中西部地区，总共53个大中型城市，所有的分公司都是直线受命于万科总集团，同时为了各个分公司能够有其自身的灵活性，万科集团支持各地分公司在自己的区域内建立战略合作供应商。因为区域采购可以最大限度地降低运输成本，同时由于房地产项目本身的区域性及独一无二性的特征，保持项目的相对独立可以提高经营效率。

第三，网上招标采购。万科经过多年的发展和积累，网上招标已经成为其重要的采购方式，非常关键。用招标方式来进行采购，其关键之处就是高效完成交易，以一个合理并使人满意的较低价格来购买其所需的高端质量产品，并能够享受到最好的售后服务。Internet以及e-Commerce仅是一种载体，一种工具，使用它可以对企业的改造流程方面有很大帮助。

第四，小额进行直接采购。由于项目的施工现场仅存在零星需求，万科最后选择用小额进行直接采购。针对小额采购的相关范围，万科明确规定其最高金额为 10 万元。至于施工服务的采购项目主管的初选要在 3 家施工队伍以上，如果做不到应该说明理由。工程部再对初选的队伍进行审定、取舍和补充。

二、万科的采购职能战略

第一，三线架构的集中采购与分散采购共存。2006 年，由于进入全面的高速扩张计划时期，万科集团也正在秘密进行一系列相关的"热身"动作。万科出台了全新的整体管理结构，在调整前是从集团总部到市级分公司的直接二级架构，调整后变为从战略总部到专业区域再到执行一线的全新的三线架构。

从它的组织结构我们可以清晰地看到，万科将采购职能分成了三种，分别为项目现场采购、区域"小万科"的独自采购以及最高的集团采购。这种全新的组织结构，由于万科总体的采购控制权被保留，所以更有利于公司的大型大额采购和集中采购，公司的整体成本实现了优化的管理。同时，万科分放权力给各个分公司，因此维持了各分公司的采购灵活性，激励了各分公司在各个区域发展供应商，更重要的是使所有项目得以顺利有序地进行。另外，万科集团的这种分放权力的措施更加有利于公司的项目管理部门对小额产品和易消耗品的采购，缩减了大量的决策过程和时间，还因此节省了许多行政成本。

第二，运用质量管理来规范采购流程。2003 年开始，万科推出“磐石行动”，目的是全面提升其产品质量水平。起初万科集团的领导层是为了加强对工程质量管理以及维护万科产品的专业统一品牌才推出此行动，但随着房地产业的不断发展，万科的“磐石行动”带动了各个房地产企业对工程质量的关注，并开始对“零缺陷”的追求，以此达到精简业务流程、提高产品标准、保证项目品牌质量的目的。由于“磐石行动”的全面推动，使得万科集团建立起了一整套的高效管理流程，并使其与工程监理、工程承建商、材料供应商以及设计单位等直接相关对象确定了合理规范的合作制度。万科编制了高质量的验收标准，采用国际通用的满意度标准作为公司各个项目楼盘质量的衡量标准，万科集团和与其合作的供应商建立了良好的战略合作伙伴关系，并且建立了一项严格的双向评估机制，加强了对采购流程的监督。

第三，专业、透明、有效采购，严格控制采购成本。房地产建安成本中包括采购成本，严格控制采购成本是房地产企业经营的一大重要战略，其成本高低直接影响企业获利的多少。所以，万科虽然给其分公司采购管理的权力，但对其采购的控制权还是掌握在总部手里。万科认为，要获得大的议价力就要有大的采购规模。万科集团利用其自身优势去改造该公司的采购模式，采用全新的采购方案，大大提高了交易的透明度，而且扩大了其合作供应商的选择范围，在保证双方利益的同时又减少了采购成本，也保证了项目产品质量，还相应地提高了其工作的效率和水平。

万科一方面尽力完善采购制度，想出最适用于采购的办法及推出合理有效的各种制度，使采购过程透明化和专业化；另一方面进行网上招标，争取通过对 e-Commerce 的改造来节省谈判成本，减少甚至杜绝“暗箱操作”，使得集团的采购效率得以有效提高。此外，通过财务监督牢牢控制各个地方的财务权，使其采购成本在合理有效的财务监控范围内。

三、万科采购供应商管理

供应商是为其提供原材料、设备或者其他资源的实体单位。而供应商管理就是对供应商进行选择、开发及控制等的一种综合性管理。供应商管理的目的是企业与供应商建立良好的合作关系来保证企业所需各类物资的不断供应。

供应商的选择几乎对所有的房地产企业来说都是采购管理中的重中之重。万科选择供应商时主要考虑以下因素：

第一，保证合适的产品质量。在房地产行业中，一个企业所采购物资的质量不仅影响该企业项目的开展和经济效益，还会导致严重的事故，影响消费者的生活和健康。如何保证产品的质量自然而然也就成为企业在选择供应商时首先考虑的因素。

第二，房地产企业所生产的项目成本直接受成本采购价格高低的影响，而这也影响了房地产企业的经济效益。万科特别注重采购的价格和项目总成本之间的联系，万科深知最合适的价格不是最低的价格，所以企业采购部门在寻求最高的性价比时必须根据项目和供应商的情况，合理地选择最优的供应商。

第三，如何保证交货的及时性。除了交货的质量，供应商的交货期也是重要的影响因素，同时也是房地产企业项目顺利进行的重要保障。万科会综合供应商的以上各种条件，由此选出最合理的供应商。

第四，如何提供优良的整体服务。好的产品提供对企业来说固然是十分重要的，但是配套的服务水平也不容忽视。所以万科在选择供应商时会综合考虑其内部生产的各环节能否配合万科项目采购部的各项工作，以此来顺利推进项目。

万科主要从三个方面来考量供应商的认证评审：一是供应商的基本条件评审；二是供应商所提交资料的评审；三是供应商现场状况的评审。

供应商的基本条件包括四个方面，分别是信誉状况、生产供应能力、产品品牌及质量保证。信誉状况主要是指供应商在以往的业务中无不良行为以及欺诈等行为记录，这项验证先由供应商自身做出书面承诺，之后由万科采购部来核实供应商在其领域上的市场地位是否符合万科需求的产品品牌；而质量条件是指供应商提供的产品质量是否通过质量检查，并且出具相关的检测报告。

供应商提交的资料有企业的管理体系、现今的运转状况、业务的销售状况及工程业绩的情况。而万科对供应商所给予的资料也分三个方面进行评审。是否通过 ISO9000、ISO14000 其中任何一个的认证是对管理体系评审的关键；销售评审主要从供应商销售市场占有情况及销售体系建立情况决定，而这主要是指供应商所销售产品在市场占有的份额和影响力。

供应商的现场状况体现了管理的科学合理程度、供应商合作意愿度、是否能提供高质量的产品、能否提供良好的生产线以及环保的状况。万科根据与不同供应商的洽谈沟通情况，如接待态度及沟通的积极性来判断其合作的意愿程度。同时还根据对现场的各种检验，像通过原材料的进场情况、产品的检验情况还有员工的工作状态等来判断其管理的科学性；以及根据它运行流程的清晰度、职责分配等指标来判断其质量管理的现今状况；同时还根据其生产数量还有设备的先进程度判断其生产线的状况；而判断该企业的环保状况可以依据工作环境、安全措施实施情况及废料处理情况。

优秀的供应商管理不但体现在选择制度上，而且万科还有一大特色是通过对评审合格的供应商来进行定期评估。而对于正在合作的供应商需要支付款项的，完成支付的先决条件是万科的项目经理在他付款申请提交前完成对其的评估。

万科不仅对供应商进行定期的评估，而且还对供应商的动态进行评估，动态的评估机制由过程评估和后评估两部分组成。关于过程评估，主要考察的是供应商提供产品的质量、供货情况及其全过程的配合情况；后评估主要考察的是供应商的配合度和后续服务，像保修和投诉处理等。

资料来源：曾国华，庞玉兰，嵇国平，余来文. 管理学——理论、应用和中国案例［M］. 北京：经济管理出版社，2015.

（三）建立基于企业制度的运作平台

中国缺乏一个制度化的管理平台来处理三大矛盾：一是决策管理层与操作层的授权矛盾；二是部门之间协调的矛盾；三是目标与行动之间的矛盾。在中国，人们在做涉及自己利益的事情时，往往不把制度放在眼里；但做无关自己利益的事情时，往往死板地遵守制度，这和中国长期存在的权谋思想有着重要的联系。

针对这种矛盾，本书认为应建立基于企业制度运作的平台来解决上述矛盾。具体地说，可以从以下方面着手：一是建立与企业相适应的制度。二是坚定不移地执行已建立的制度，在执行制度层面，企业管理者起着至关重要的作用；在执行制度的过程中，企业领导应带头遵守有关规定，当企业员工违反制度时，应公平地、严格地对其予以处罚。三是要建立有效的控制系统来监控企业制度执行的实况，以实现企业预期的目标。四是不断地调整制度以适应企业内外环境的变化，企业内外环境不是一成不变的，因而企业的制度也应随之而调整，但调整时应保持制度的连续性。河北小洋人生物乳业有限公司借助企业的制度平台制定适合企业的战略，并高效执行，使得企业在竞争中取得傲人的成绩（见案例专栏 3）。

案例专栏 3

小洋人的企业战略与执行助力企业获得傲人的成绩

图片来源：http://www.xiaoyangren.com.cn.

2014 年，小洋人集团以“建立新坐标，实现发展梦”为指导思想，按照集团战略发展规划，准确定位连锁店发展方向，推进市场可传承、可转让经营模式，大力发展"梧桐树工程"，以实现共同的发展梦。小洋人集团经历了19年的发展历程，企业的发展关键是"创新，发展，再创新"。2013年，小洋人集团的工作有了全新的尝试和发展。2014年，小洋人集团继续发扬"百折不挠，勇攀高峰"的小洋人精神，运用创新的经营理念，寻找持续发展的新亮点。中国的奶制品市场向来是战火弥漫之地，伊利、蒙牛、光明等乳业巨头垄断了中国的大部分市场，中小企业已经很难在这个市场里有立足之地。可是，一个区域性的品牌"小洋人"却能在这种环境下取得如此傲人的成绩，如火如荼、如日中天地发展着，这是什么原因呢？

小洋人乳业集团有限公司成立于1994年，"小洋人"和"妙恋"两个系列是其旗下品牌。"小洋人"以儿童为消费对象，"妙恋"主要针对青少年消费群体。小洋人生命蛋奶等系列产品填补了北方农村市场缺少儿童乳品的空白，使得农村儿童也享有和城市儿童相同的乳品营养。针对青少年消费群体的"妙恋"等系列饮品改变了饮料市场的单一格局。这一品牌引领了中国PET瓶装饮料的饮品时尚，2008年推出的妙恋大果粒饮品更是引起了中国瓶装饮料界的新竞争。

2005年，国家工商管理总局评选小洋人的商标为中国驰名商标。2006年，小洋人被美国《福布斯》选进2006

年度“中国最具潜力100榜企业”，居于第38位。2007年，“小洋人”入选我国最具有价值商标500强，同时被商务部评定为中国最具市场竞争力品牌。通过权威机构评估，小洋人商标品牌价值达36.3亿元。2011年“妙恋”也再次获得中国驰名商标，商标价值突破41亿元。

从一个新果乳饮品的开创，到乳饮品开发，再到引导果乳饮品发展，小洋人短短几年经历三个角色的转换。每一次成功转变，都让小洋人有一个新的发展，使小洋人品牌慢慢地走向成熟。作为新的行业领导者，小洋人坚信品牌决定影响力。小洋人的品牌建设不断地向前发展，它更加理性的操作方式、营销策略，定能缔造出中国乳饮品行业新的百年品牌。小洋人之所以能如此成功可以归结为其三点战略：

第一，精准的市场定位。从一穷二白，只有几万元资金开始，没有外资的注入，小洋人能在短短十几年的时间里取得这样的成绩不得不说是一个奇迹。小洋人成立之初给自己的定位就是：生产物美价廉的儿童型乳制饮品，让农村的孩子也能像城里的孩子一样拥有营养丰富的乳品，所以取名“小洋人”。小洋人第一例产品——生命蛋奶一经问世，立刻受到广大农村消费者的追捧，从而实现了企业的原始积累，而且成功地避开了与当时在城市市场处于垄断地位的乐百氏和娃哈哈等品牌的正面交锋。“农村包围城市”的发展战略在小洋人身上得到了体现。

第二，东躲西藏，避开正面交锋。就在蒙牛、伊利、光明等乳业巨头控制市场，区域性乳类品牌在传统的液态奶制品市场争夺厮杀之时，小洋人巧妙地避开了硝烟，开展了“游击战”，率先研制生产了 PET 瓶装果乳饮料，名字叫作“鲜果乳”。相比当时主流的保鲜袋装乳制品，该产品具有方便携带、口感良好、营养丰富等特点，产品一经面世便得到消费者的认同。

第三，集中力量，以弱御强。小洋人的成功吸引了众多奶业巨头对乳饮料市场的竞争，特别是当娃哈哈的“营养快线”进入市场的时候，小洋人确实面临着非常大的压力。这时小洋人领导者再次发挥了其战略思想的优势。小洋人集中优势力量，全力打造 “妙恋”系列产品，李小璐、张娜拉等当红明星先后被聘请作为“妙恋”产品的形象代言人，时尚、青春、靓丽、纯情的产品形象得以打造，帮助小洋人很快地实现了从农村过渡到城市的地域跨越。

可见，企业战略就如同战场打仗，核心的问题是，“你要怎样才能取胜，你的每一步如何走，对于你的战略，对手可能采取什么应对策略”。只有考虑得比对手更深，才有可能走得更长远。现实中，一些企业的外部条件大抵相同，战略大致相当，但是结果却大不相同：有的企业胜利了，有的企业却被市场无情地淘汰，到底是什么原因呢？

资料来源：曾国华，庞玉兰，嵇国平，余来文. 管理学——理论、应用和中国案例［M］. 北京：经济管理出版社，2015.

四、培育科学的决策惯例

在市场经济条件下，企业决策水平的高低，在很大程度上决定着这个企业的前途命运。美国学者西蒙在20世纪60年代就提出“管理就是决策”的著名论断；麦肯锡咨询公司有专家曾做过统计分析，在全球破产倒闭的大公司中，破产原因主要是公司决策失误的比例高达85%。

21世纪人类社会的许多方面发生了极大的变化，这对领导者的素质和管理水平提出了更高的要求，市场经济体制逐步建立，国民经济日益融入世界经济大潮，中国企业决策却还注重遵循“潜在规则”和人情。在这种情况下，企业决策的重要性及其风险性也更加凸显，决策的谋略与方法显得更重要。

鉴于上述缘故，本书在企业决策科学惯例化方面做了一些初步探讨，以期有利于企业竞争优势的培育。

（一）科学决策的概念

科学理性的决策等于成功的一半。对企业而言，能否做出科学的决策，并保证其得到真正的实施，是当前中国企业经营管理的核心之一，也是企业获取竞争优势的关键与前提，直接关系到企业的生死存亡。

企业决策贯穿在整个组织之中，不仅最高管理层要进行决策，组织的各个层次包括基层作业人员都要进行决策，只是决策的对象、范围和重要性的程度不同罢了。美国系统学家杰伊·洛西认为：企业决策就是为了实现特定目标，根据客观的可能性，在占有一定信息和经验的基础上，凭借一定的工具、技巧和方法，对决策的诸要素进行判断和分析，对行动做出决策的过程。[①] 简单地说，本书的科学决策就是基于过去，立足当前，着眼未来，创建方案。即为达到企业的特定目标，而对企业的具体行动方向、内容和方式做出选择的过程。本书讨论的决策问题，主要限于企业领导者负责的企业层面的决策。

（二）建立科学决策惯例的关键点

基于上述科学决策的基本思想，本书认为要养成科学决策的惯例，应着重考虑以下几个关键点。

---

① 宁龙. 决策参谋［M］. 北京：中国物资出版社，2004.

1. 识别问题，确定目标

在决策之前首先要认清企业的现状和预期的差距，这是企业决策存在的前提和必要条件；其次要确定本项决策及其执行所要达到的最低限度目标，或者必须满足的要求。这些必须满足的要求，实际上是决策的“边界条件”，也是决策的衡量标准。一项决策要想成为有效率的决策，就必须能够满足“边界条件”的要求。没有目标和“边界条件”，就没有评价优劣的标准，无从进行合理的决策。无法满足最低目标和要求的决策，显然不是好的决策。

2. 运用直觉等非理性因素，弥补科学决策的不足

首先，企业在进行重大决策时，要借助直觉等非理性因素。由于人的能力和知识有限，影响人类活动的环境复杂多变而导致信息不对称普遍存在，使得人们在其活动中只能有限地理性，而不能完全地理性。其次，当企业决策无先例可循时或遭遇突然变故，时间又紧迫时，就应主要依赖或完全依赖直觉，当机立断，果断地处理突发事故。

3. 科学地或最优地达到目标

其本质是对若干备选方案进行优化选择，选取对企业最有利的方案。可从以下两个方面选择这个问题：其一，在重大问题决策前必须提出几种可供考虑的备选方案；其二，要对各种方案的合理性、风险性及可行性进行分析评价，以便通过比较优化决策方案。原因在于：重要问题的决策如果只提一种方案，没有选择余地，就无法进行决策；如果不追求优化，随便

怎么做都可以，决策行为也便失去了意义。当然在实践中，由于目标往往是多重的，一项决策很难“最优”地满足所有要求，只能综合权衡采用“相对最优”的方案，这同样是优化比较的结果，并不违背科学决策的原则。

4. 坚定不移地执行决策

首先要依据企业的制度及相关法律制度来执行决策；其次要依据事前制定的计划、方案；最后，要根据情景的变化，灵活把握决策的尺度。这一点在中国显得尤为重要，因为企业在执行决策的过程中往往会受“潜在规则”和人情的影响，所以在执行决策的过程中就存在灵活把握的问题。

江铃公司遵循科学的决策关联，制定科学的目标，予以细致的执行，从而在市场竞争中获得不错的战绩（见案例专栏4）。

案例专栏4

江铃的成功之道——目标细致执行好

图片来源：http://www.jmc.com.cn.

江铃汽车股份有限公司（以下简称“江铃”），中国商用车行业最大的企业之一，连续9年位列中国上市公司百强。2013 年，公司销售收入超 200 亿元，整车销量破 23 万辆。2014 年，江铃寻求更宽广的发展视野，力争成为中国乃至亚太地区重要的商用车生产基地。

江铃汽车在引进国外技术的基础上定位准确，执行到位，使企业获得了较快的发展。20 世纪 80 年代中期，江铃汽车率先引进国际上最新的卡车制造技术造出了五十铃汽车，成为当时中国主要的轻型卡车制造商，目前该车型已达到 10 万辆/年。

作为江西较早对海外招商引资的企业，江铃以开放的理念和先进的发展战略，积极学习世界前沿的制造技术、管理理念、有效的股权制衡机制、高效透明的运作方法和高水准的经营管理理念，使公司形成了一套规范的管理运行体制，以科学的制度保证了公司管理和决策的有效性。江铃建立了一套完整的 ERP 信息化支持系统，高效运作的物流体系拉动了生产；建立了 JPS 江铃精益生产系统，整体水平得到不断提升；建立了质量管理信息网络系统，推广 NOVA-C、FCPA 评审方式，运用六西格玛工具不断提升产品质量。2000 年被中国机械工业管理协会评定为“管理进步示范型企业”，2003 年荣获了全国机械行业“现代化管理企业”的荣誉称号。2005 年更成为国内率先通过 1999 职业健康安全管理体系、OHSAS18001：2004 环境管理体系、ISO/TS16949：EN ISO14001、2002 质量管理体系等一体化管理审核的汽车企业。

公司注重人才的培养，为员工提供优越的发展空间，鼓励员工形成终身学习的理念。江铃还根据工作需要，定期组织内、外部培训（如JPS精益生产、8D、UG、质量和环境体系、同步物流、沟通技巧、培训师TTT、英语等技术和管理培训）活动，同时还不定期选送优秀的技术、管理骨干出国培训，或者到国内知名的高校进行系统培训和学习（如推荐攻读在职研究生的学历教育）；企业员工可以向领导申请，考取在职研究生，在校学习，学费予以报销。

U8管理软件与企业科学管理的有效结合，帮助企业实现管理增值。U8在五十铃有限公司区域的成功应用，消除了企业“信息孤岛”，帮助江铃真正实现了财务业务一体化；科学的采购流程保证了库存成本最小化；应用项目管理的方式，加强了成本费用的控制，加速企业资金的运营，保证了资金的安全性；实现了产品成本核算和科学管理。

资料来源：曾国华，庞玉兰，嵇国平，余来文. 管理学——理论、应用和中国案例［M］. 北京：经济管理出版社，2015.

五、培育持续有效的学习惯例——组织学习

联合国教科文组织在一份报告中指出：处在当前复杂纷乱的世界，不论是对个人还是组织来说，都需要学习，而且需要终身学习。[①] 当前，中国企业面对的经营环境变化越来越快，竞争越来越激烈，表现在：科技日新月异、产品更新越来越快、顾客需求复杂多变、知识更新速度越来越快、竞争对手更为强大、经济全球化进程加快等。在此情况下，中国企业必须洞察国内外环境的变化，适时而动，提高企业的竞争力，从而推进企业的发展。企业面对的唯一不变的情境就是变化，而中国企业也只有不断地进行组织学习才能应对，组织学习已成为企业成败的关键。

克里斯·阿瑞斯（Chris Argyis）与唐纳德·朔思（Donald Schon）于 1978 年初在其著作中提出有关组织学习的理论——双环（Double-loop）理论与单环学习的学习模式。[②] 在这之后，相关著作、文章相继出现。1990 年，彼得·圣吉出版的《第五项修炼》使得组织学习广为传播，该书引进中国后，

① 联玉明. 学习型组织［M］. 北京：中国时代经济出版社，2003.
② 彼得·圣吉. 第五项修炼［M］. 郭进隆译. 上海：上海三联出版社，1998.

大受理论界的重视，随后有关学习型组织等理论如燎原之势，在中国迅速传播。[①]

（一）组织学习的内涵

英国的瑞文斯（Reg Revans）最早提出组织学习理论，认为组织学习主要从以下两个方面考虑：行动是学习的基础；最有效的学习方式是通过社会交换实现的。麦克·佩德勒（Mike Pedler）于 1990 出版《实践中的行动学习》一书，认为行动学习是一种组织人员发展的方法，其中任务是载体。没有行动就没有学习，这是行动学习的基本理念。[②] 行动主要涉及参与者、问题和分享小组三个要素。中国学者和咨询师张鼎昆认为，行动学习以学习者为主体，以现实问题为主题，将结构化的深层对话方式渗透在“问题—反思—总结—计划—行动发现新问题—再反思”的循环过程中，从而提升组织行动能力，进而提高组织绩效。[③]

从上述定义中，可以看出三位学者都强调了行动是组织学习必不可少的一环，而且是至关重要的。佩德勒强调了行动、分享和问题是组织学习的手段，也是组织学习的必要环节和组织部分。张鼎昆则更全面地从企业实践的角度界定组织学习。综合三位学者的认识及参考相关理论，本书认为组织学习是基于实践的一种企业惯例，一种学习模式；它以人员小组或团体

---

①②③ 张鼎昆. 行动学习［M］. 北京：机械工业出版社，2005.

为主体，以提升组织竞争力为根本目的，以提高组织和个人能力为直接目的，以反思、分享、行动为主要手段，以企业面临的现实问题或挑战为载体。

在知晓了组织学习的内涵后，为了更好地寻找在现实企业中的运作方式，应大致地了解支撑组织学习的内在机理。

（二）组织学习的机理

组织学习的理论与学习理论、组织能力、企业惯例理论等有着密切的关系，可用图 6–3 来表示。

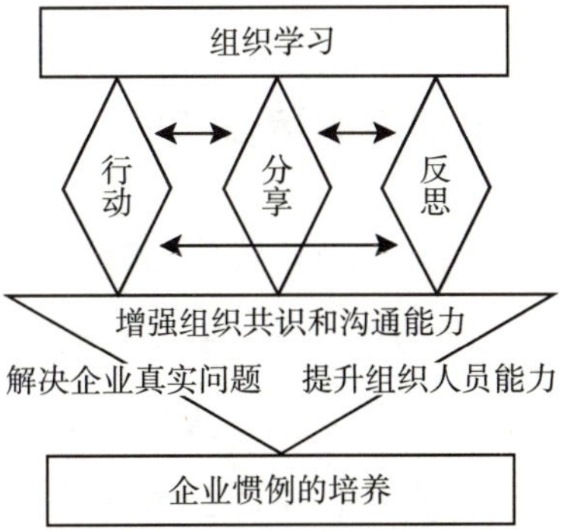

图 6–3　组织学习的机理

从图 6–3 中可以看出：

（1）组织学习是将行动、反思与分享结合在一起的。组织学习强调了团体共享知识与经验，行动意味着组织学习是企业针对所面临的问题或挑战，通过实践来执行。分享意味着组织成员打破“心智模式”，在一个由组织人员构成的团体中，表达自己真实的想法、意见，共享知识和经验。反思意味着质疑个体和他人的思想和观点。

（2）组织在行动中反思、共享；通过分享相互支持、质疑并促进反思；反思行动分享的过程和结果，更进一步促进分享和行动的进行。此三者相辅相成，缺一不可。

（3）组织学习通过行动、反思和共享达到以下目的：解决企业中的真实问题，增强组织共识和沟通能力，提升组织人员能力，关键是要使这种行为方式成为企业的一种习惯，以便为培育企业竞争优势提供基础。

组织学习的内涵和内在机理的阐述为构建组织学习的运作模式奠定了基础。

（三）构建组织学习的运作模式

从第五章关于中国企业竞争优势培育中存在的主要问题中可以看出：从企业惯例的角度看，主要有战略缺失、决策缺失和非持续有效的学习模式等问题；从非企业惯例角度看，也存在不少问题，但作为企业个体来说，难以对外部环境“有所作为”，所以只能“有所不为”。因而，结合中国企业面临的这些问题，依据相关理论，本书构建了实践中运作的组织学习模式，如图 6–4 所示。

图 6–4 是从中国企业的实际出发而设计的，有利于企业人员进行操作，对此做如下说明。

需要强调的是，上述组织学习的所有环节都是以团队为主体展开的。

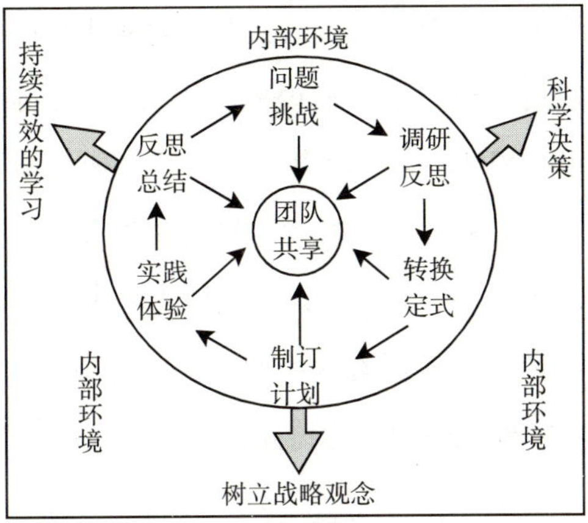

图 6-4　组织学习的运作模式

资料来源：张鼎昆. 行动学习［M］. 机械工业出版社，2005.

1. 问题挑战

这里的问题是指企业所面对的难题或与竞争者相比而显现的不足，即在现有条件下，企业没有达到本应达到的效益标准。挑战是指企业在当前生存已无妨碍的情况下，为获得进一步的发展而超越自我。

2. 调研反思

调研是指对企业的现状和历史进行分析、解剖，以更好地了解情况，为制定规划打好基础。反思主要指企业对它发生活动的过程进行思考，不断地追问：什么导致了行动选择？观念或想法来源于怎样的心智模式？该心智模式是否正确？企业如何应对未来的挑战？应具有什么样的心态？

3. 转换定式

在认识原来的思维定式的基础上，形成新的认识。我们知道，原来所经历的和学到的知识已不自觉地使我们心里形成了特定的心路轨迹，就是通常所说的心智模式。在管理过程中，许多符合实践的想法和决策往往未能实施，或实施了却未见效果。这实际上和人们的心智模式有很大的关系。新的政策或想法无法实施，往往是因为它和人们根植于心中，对周围世界如何运行的看法和行为相抵触。因此，在制定方案和实施之前，有必要转变心智模式或打破思维定式。

4. 制订计划

在经过调研、反思和转换思维定式的基础上，应用新的思维指导计划，最终形成新的方案。

5. 实践体验

行动就是去做，是个实践的过程，这是组织学习中尤为关键的一个环节。想法、观点只有靠做才能得到真正的执行，同样方案只有被执行才有价值。体验就是在行动的过程中，组织人员不断地去感受，体会个中滋味。

6. 反思总结

这里的反思和调研反思中所提到的反思有所不同，这里的反思是组织人员在转换思维定式后，对照先前，在其行动中监测其是否执行了所形成的方案和想法。学习最后应导致行为的改变，不应只是获得一些新的想法，因而在反思时就要看清我们所拥护的理论与我们使用的理论之间的差距。人们往往理解了某件事情，但在行动中却不一定能做到，因而要反思：这是为什么？这是由什么心智模式导致的？在反思的基础上，组织人员还应总结在行动中的收获，以进入新一轮的组织学习循环，从而使企业在此方面形成惯例。

组织人员是否真正实现以合作和共享之意进行的共同、坦诚对话，坚守诚心是组织学习成功的关键。

此外，还应注意在组织学习的过程中，要考虑企业存在的问题，如在前面提到的企业惯例问题：战略缺失、决策缺失和缺乏有效的学习模式。力图在组织学习之后，有助于企业树立战略意识，进行科学的决策，并使该组织学习成为行之有效的学习模式、惯例。当然，这种组织学习是在企业内外环境中展开的，因而离不开企业外部系统的支持。

正邦科技通过不断的学习而进行组织创新、业务创新和营销创新以及管理变革使得企业保持活力，并不断发展自我（见案例专栏 5）。

案例专栏 5

正邦科技通过管理创新而获取竞争优势

图片来源：http://www.zhengbang.com.

一、公司介绍

正邦集团成立于 1996 年，是农业产业化国家重点龙头企业，江西省规模最大的农业企业，集团旗下有农牧、种植、金融三大产业集团。旗下江西正邦科技股份有限公司是江西省民营企业首家上市公司。集团现有员工35800多名，在全国拥有315家分（子）公司。2013年集团总产值突破360亿元。名列2012年中国企业500强、中国制造业500强、中国民营企业500强、财富中国500强、中国上市公司100强、中国饲料工业10强、全国生猪养殖企业10强、全国种鸭繁育企业10强。正邦集团是国家农产品加工技术创新机构、国家博士后工作站。

图片来源：http://www.zhengbang.com.

正邦集团在"十二五"期间，倾力打造"千亿正邦"，着力建设"百千万亿工程"，即百万亩油茶种植、百万吨大米加工、千万头生猪养殖、千万吨饲料、百亿吨肉食品工程和鸭苗年产2亿吨工程。力争在种鸭、种子、生物农药产业打造3~5家上市公司。2015年正邦集团总产值突破600亿元，预计2017年实现产值1000亿元，成为中国最优秀的农牧企业之一。

二、公司经营管理与业务方向

正邦集团在其现任公司董事长、总裁林印孙的领导下，带领着正邦集团发展成为中国农牧业界的一颗耀眼明星。在管理人员中，博士占2%，硕士占3%，本科占58%，专科占37%。

正邦集团遵循集中纵向多元化的产业发展战略，即以饲料为基础，向下游的养殖产业延伸，实现产品多品种、系列化，逐步形成产业化和规模经济的格局；以饲料业务为核心，利用公司积累的经济实力和技术与管理实力，进一步向高附加值的特种水产饲料、养殖产业拓展，最终实现饲料养殖一体化。

以通过国家农业部鉴定的“双肌臀”大白猪的繁育为切入点，重点进行种猪繁育体系的建设，实现国内一流技术的种猪企业的目标。主营业务分为农牧业和种植业两大产业链。

正邦集团的农牧业产业链即是猪、牛、羊、禽类、生鲜、屠宰及肉类制品深加工企业，养殖以及配套的种猪、种禽、商品猪、牛、鸡鸭饲养企业以及各类饲料企业及饲料的添加剂、饲料的原料深加工、动物保健及生物制品、原料蓄储、销售及物流基地的项目。种植产业链即是大米产业、大米加工企业、水稻订单农业、蓄储物流企业、面粉的加工企业以及小麦的订单农业及蓄储物流企业；以茶油为切入点的食用油加工企业及租用荒山种植油茶的油茶种植业，以及粮油深加工的食品制造业。

在农业领域内的饲料、养殖（畜禽、水产）、农化（农药）、动物保健（兽药）、食品（乳业、家禽屠宰加工）五大产业从事产业经营。

三、组织创新

正邦集团在组织管理方面，重点做好了以下工作。一是网络团队。作为正邦国际价值服务体系最重要的组成部分之一，正邦网络团队划分策划营销组、软件研发组、网站优化组、互联网体验服务研究组等数个核心项目组，源源不断地为正邦及国内互联网行业提供更多的服务价值与应用理念。二是咨询团队。在“客户为先导”的方针指引下，正邦国际形成了以 HR 引入严格把关、在岗强化训练为主导的集团咨询医生人才培养及管理大纲。三是企划团队。承担着集团文化建设与发展、市场宣传与推广的重要责任，在完成集团宣传任务的同时，发挥重要的智囊作用，为集团的长远发展建言献策。四是市场团队。以严谨的作风、强大的向心力，以先进科学的市场管理理念，全方面提升正邦国际的医疗产品价值与市场品牌价值。五是经营团队。以专业化、科学化不断推进正邦国际的战略发展目标，在激烈的市场竞争中形成了一支步履稳健、坚不可摧的精英经营人才团队。六是科研团队。拥有教授、博士研究生、硕士研究生、博士生导师等多达数十人。

四、业务创新

正邦科技做好了“千万头生猪发展创新商业模式”。“托管经营”、“模式创新”成为大家讨论的热词。“托管经营”是正邦商业模式的一次创新，指正邦科技将自有猪场放手给有能力、有想法、有技术但是缺少资本的员工去经营，在员工实现致富梦想的同时，公司从中受益。

正邦给自己的定位是成为帮助各利益相关者更成功的服务型公司，“资金支持，与人才、技术培训相结合的帮助模式，既打造了一流的农业产业融资和资本平台，又通过机制、体制的创新打造出行业精英的平台”。自建猪场、合作猪场再加上创新模式下的“托管猪场”，成为正邦猪产业链及“放心肉工程”的有力保证。

正邦养殖有限公司“托管经营”这一创新模式满足了创业者的创业想法，从为公司管猪场，到为自己管猪场，这种转变圆了托管人员心中的老板梦。

五、营销创新

正邦集团以现代化的营销理念构建完善的营销网络体系。整个体系布局科学、层次合理，形成了以总代理为龙头、特约经销为补充的特许经销制度和以项目促进市场、以市场提升品牌、扩大区域影响面、多种渠道互动发展的市场拓展制度。

与传统种业铺天盖地打广告和热衷于没完没了的“种

子会”相比，江西正邦种业做法独特，更愿意把精力花在客户身上，把营销开支打造成“一种投资”，而不是传统意义上的一种花费。在正邦种业理念里，营销就是一种眼光。

以人为本是企业的核心，离开了人才就不可言营销。正邦种业非常重视引进、培养各类人才。推崇海尔的人才观：好马是“赛”出来的，而不是“相”出来的。在用才和留才方面都有非常翔实的用人激励制度。你有多大才，就给你搭多大舞台。非常注重员工培训学习，副总以上要参加集团正邦工商学院 EMBA 学习或外派到名校学习，副经理以上要参加集团正邦工商学院精英班培训学习，所有员工都要参加公司每月定期的培训学习。

六、管理变革

正邦集团公司实现了 e-HR 系统的全员管理。首先，基于 e-HR 建立起全集团人力资源数据平台，实现了各城市、各分子公司、各部门以及所有员工数据集中管理、实时共享和动态更新，且 e-HR 系统提供了多维度查询功能，这样就能让人力资源部真正做到“摸清家底”。

其次，实现了全集团员工从入职到离职的企业内全生命周期规范管理。从员工入职开始，新员工入职、合同签订、试用期到期与转正、内部岗位调整以及离职等全过程，全部在 e-HR 平台上以规范流程落地。而且系统能够对试用期满、合同到期以及退休时间等进行自动预警，并推送到业务人员桌面，实现了从“人找事”向“事找人”的转变，避免了工作遗漏和拖延。

再次，对于集团企业而言，人力资源统计报表既是上下沟通的有效方式，也是领导决策的重要依据。e-HR 数据平台保证了人力资源数据的完整性，而前述人员异动的规范流程则保证了人力资源数据的实时更新，加上系统强大的报表功能，实现了个性化设计统计报表，轻松实现自动取数，快速响应人力资源部以及高层的各类报表需求。

最后，系统应用也进一步加强了集团对分子公司的人力资源管控力度。除前述人力资源信息实时共享、人员异动流程规范、统计报表自动生成之外，对岗位编制、工资总额等有效控制手段也针对性地堵塞了以往的管理漏洞，提升了总部对下属企业的管控能力，真正做到实时监控和及时审批。

七、结论与启示

第一，做好了科研工作。正邦集团与中国农业大学合作承担的国家“948”育种项目“双肌臀大白猪的引进和推广”获得成功，并广泛推广应用，为建立江西省首家种猪核心育种场奠定了基础；与江西农业大学共同承担了国家农业科技成果转化项目“抗仔猪断奶前腹泻种猪配套系培育与示范”，将为培育我国乃至世界上第一个抗仔猪断奶前腹泻种猪配套系做出贡献；与南昌大学合作承担的自动化饲养种猪研究将为我国由传统生猪养殖走向现代化、自动化和科学化生猪饲养提供科学方法和科学依据；与四川凯路威公司合作承担了 1000 万头猪肉制品安全可溯源信息化系统建设，探索建立更加有效的食品安全监管体制与更加严格和完善的食品质量安全追溯制度、召回制度、市场准入和退出制度，建立农产品和食品生产经营质量安全诚信体系。

第二，做好了文化工作。一是做好了公益事业。公司干部职工为患急性白血病的同事——正邦生化市场部经理陈骏捐款 13 万元；为采购中心同事冯晓辉捐款；慰问 SOS 儿童村；正邦饲料“关爱老人传递幸福”；为临川二中颁发第三届正邦奖学金等。二是做好了文化工作。做好了云南大鲸营销精英军训；做好了加美精英登山拓展，营销经验交流活动；做好了正邦集团与江西省工信委举行的友谊篮球赛活动；做好了“民星杯”羽毛球比赛结友谊活动；做好了正邦集团元旦晚会欢乐活动等。

第三，做好了人才工作。一是做好了核心团队的工作。该团队成员只能由企业最高层来判断和选用，并用长期分享激励政策和稳定的福利待遇来维系。二是做好了精英团队的工作。通过内部的大胆提拔，大力培养“赛马机制”和特殊政策的引进达成。三是做好了能人、骨干团队的工作。考核以绩效为主，兼顾综合素质和潜质，激励政策以短期为主，中期为补充。四是做好了实干团队的工作。一线的业务骨干和优秀员工具备务实和虚心好学的精神，积极上进的心态，进步快速，能出色地完成工作任务，并善于和同事保持良好的合作关系，能在所处的组织中起榜样示范作用。

第四，做好了基地工作。一是做好了百万吨大米基地建设。在东北、江南挑选良好的土地，并精选良种严控肥料、农药的品质与安全使用，建设一流的规模化大米生产线，出产的“正嘉”大米品质优良。二是做好了百万亩油茶基地建设。利用江西独特的气候和土壤自然环境，投资开发大型的百万亩油茶种植基地，生产出全天然高品质的食用油茶。

资料来源：曾国华，庞玉兰，嵇国平，余来文. 管理学——理论、应用和中国案例［M］. 北京：经济管理出版社，2015.

六、塑造企业信用

信用是企业生存和发展的重要基础，它是企业利益相关者之间基于经济利益的相互信任的一种机制。由第二章可知，当前中国政府、个人、市场和企业等方面都存在信用缺失现象。[①]信用问题实际是一个复杂的问题，关系到方方面面，这里只探讨作为企业主体（企业领导和企业员工）在塑造企业信用方面应如何行事，从而有助于塑造企业信用，进而为企业获取竞争优势创造有利的信用环境。

（一）培育企业的信用观

当前中国企业信用缺失的一个重要原因是企业领导者不重视，有些人热衷于搞权谋，实践证明这样做的企业只是一时得逞，从长期来看，给企业造成相当大的负面影响，可从以下几方面来培育企业的信用观。

（1）中国企业领导者要转变价值观，树立信用观，为企业员工做出榜样。领导榜样的力量是无穷的，企业应积极地在日常活动中借助领导的正确信用观来施加对企业员工的影响。

（2）打破"心智模式"，我们每个人都有自己对信用的看法，但有的观点和企业的信用观相冲突。要应用上文中提到的反思、探询等手段打破原有的、不利于培育企业信用观的"心智模式"，从而促进正确的信用观的形成。

（3）利用物质、精神等激励的方法驱动企业员工塑造正确的信用观。从本质上说，人是自私的，企业的员工也不例外。

① 任映红. 社会信用制度的内涵和构建［J］. 长白学刊，2005（2）.

所以，积极地关注企业中发生的典型事迹，对典型人物予以奖励，可培育企业员工遵守信用的习惯；而这种习惯会给其周围的员工带来潜移默化的影响，最终促成信用环境的形成。

（二）重视企业信用管理

企业信用实质上是企业的一种无形资产，如果企业能有效地管理这一资产，可以提高企业的知名度，提升企业的声誉。对外有利于企业与外界沟通，降低企业的交易费用；对内则有利于企业形成良好氛围，为员工营造一个舒心的工作环境，促使企业绩效提高。

企业可以采取以下措施来进行信用管理：

（1）建立信用管理制度，虽然说信用很难进行规范化管理，但企业不能因此而在这方面有所松懈，企业应当建立信用制度，使企业信用管理规范化。

（2）在企业活动中，全体人员要诚实守信，做合格的社会公民。对违反企业信用规章制度的员工予以教育或惩罚，对遵守信用规章制度的员工予以表扬或奖励。

（3）不断地加强信用教育，请企业外的专家来授课，针对企业中发生的典型事件强化信用教育等。在这方面，最关键的是要尽量地使员工受到的信用教育转化为行动。

（三）重视企业文化建设

随着商品经济的发展，建设企业文化不仅要培育团队精神，更要重视诚信经营，它能有力地促进企业信用环境的形成。

（1）信用经营应成为企业文化的重要组成部分，把信用作为一种道德价值、商品价值或者资本价值看待。在与供应商、政府、学校等单位团体和企业员工打交道时，信守承诺，诚实经营，久而久之，就可培育企业遵守承诺、重信用的声誉。

（2）倡导信用至上理念，并在企业中广泛传播，使之深深地扎根在员工的心中。企业形成信用经营的理念，就会减少商业欺诈、逃债漏税等现象，有利于改善社会风气，促进信用环境的好转。

（3）进行企业文化建设活动，培养“信用标兵”，树立“信用典范”事件；及时、积极地向企业全体员工宣传“信用标兵”案例，可采用团队讨论、把“信用典范”事迹编印成小册子等形式，加强在企业文化活动中的信用建设，从而促进信用环境的好转，为企业培育竞争优势创造有利的条件。

（四）提高企业的社会责任意识

企业对于承担社会责任的认识还处于比较肤浅的阶段，对于它的理解往往是片面的。不少企业只是看到了在承担社会责任方面付出的代价，而没有看到给企业带来的积极性影响。

1. 将社会责任纳入企业的整体发展战略中

企业在经营管理中加入社会责任的概念，能把社会责任放在战略的高度来实行，可以加深企业在承担社会责任方面的意识。当企业有了这种意识之后，才能在管理的过程中体现出来。在职工的权益维护方面，企业才能站在职工的角度考虑，除了满足其最基本的要求之外，还能满足其深层次的需求。在内部机构调整方面，只有把社会责任的认识提升了，才能在机构上真正地做出根本性的调整。以前企业一直把追求经济利益作为第一目标，现在把社会责任加入到整体的发展战略中来，可以赢得更多的社会尊重，增强国际影响力，从而促进企业的发展。

2. 将承担社会责任融入企业的企业文化中

企业文化是在企业发展中逐步沉淀起来的，企业文化的形成需要一个长时间的过程。企业文化一旦形成，就会对企业职工产生巨大深远的影响，这种影响是潜移默化的。将社会责任融入企业文化建设中，让企业在日常的经营管理中更加注重人文关怀。在发展方式上，走可持续发展道路，努力转变经济发展方式，在环境保护和节能减排方面做出贡献。对于社会公益事业，能以主人翁的身份去践行，为社会的发展贡献自己的力量。当这些行为能够在公司持久地执行的时候，就会形成一种文化，公司的管理层和职工都会自觉地承担起社会责任。

七、提升企业软实力

随着企业经营环境的变化，企业所依赖的优势越来越“软”。适应经济发展“新常态”、企业自身内在发展与人们对企业的期望值不断提高等压力促使企业必须提升软实力。通过整合企业资源、塑造和维护企业声誉、满足企业利益相关者需要与发挥企业领导者作用等途径，可以有效提升企业软实力，最终培养企业竞争优势。

一方面，随着企业经营环境的变化，企业所依赖的优势越来越“软”；另一方面，企业软实力作为企业的一种核心能力，难以模仿和复制，已成为企业在市场经济中克敌制胜的重要法宝。在此情形下，提升企业软实力就显得尤为必要，可从以下三方面来看：

一是适应经济发展“新常态”，促使企业提升软实力。当前，中国经济发展已进入“新常态”。“新常态”下，企业所依赖的环境、资源和人口释放的红利逐渐减少，所面临的外在和内在约束强化，其转型升级的压力也随之增大。[①] 这种形势的

① 人民日报评论员. 经济形势闪耀新亮点——新常态下的中国经济（上）[N]. 人民日报，2014-08-05.

变化意味着企业再也不能只依靠资本和规模等硬实力“大行其道”，更多地要凭借企业理念和文化等驱动的企业软实力，增强企业的综合实力，实现企业可持续发展。因此，经济发展的“新常态”促使企业积极提升软实力。

二是企业自身内在发展需要提升软实力。一般来说，在创业和成长初期，企业可以依靠企业硬实力实现企业的快速发展；但当企业发展到一定程度后，想要做大、做强时，就更需要依靠企业软实力，通过提升软实力来推动企业发展。其主要原因在于：与企业硬实力相比，企业软实力虽然看不见、摸不着，但却更具有潜在性、长远性和根本性，是企业赖以发展的不可或缺的战略性无形资产。所以，企业自身内在发展需要提升软实力。

三是人们对企业的期望值不断提高，促使企业提升软实力。随着人们物质生活水平的日益增长，人们对企业的期望值也不断提高，如人们的健康意识和环保意识的增强，就对企业所提供的产品和服务在精神层面提出了更高的要求。而要满足人们对企业的这种期望，就需要企业有新的“作为”。企业软实力正是通过整合企业资源，满足人们的期望，并获取他们的认同的一种核心能力。人们对企业的期望值不断提高，促使企业提升软实力。

根据企业软实力的建设现状及其对企业绩效的作用机理，通过提升企业软实力而培育企业竞争优势可从以下四个方面着手：

（一）整合企业资源

企业资源是企业软实力的源泉，整合企业资源是提升企业软实力的首要任务，更是其基础和保障。为此，首先要占有特定的企业资源，否则企业软实力就会成为“无本之木，无源之水”；其次要将占有的企业资源通过企业的经营行为转化为企业的产品，实现资源的价值。淘宝创建初期，采用不收费模式，吸引众多中小企业进驻淘宝。当淘宝占有足够多的客户资源时，就采用各种收费的盈利模式，将其占有的客户资源转化为价值，为其带来源源不断的利润。近几年“双 11”淘宝总销售额的剧增就是证明：2012 年“双 11”淘宝的总销售额为 191 亿元，2013 年为 350.18 亿元，2014 年为 517 亿元，2015 年为 912.71 亿元。

赵本山在文艺圈积累了很好的人脉，这是一笔宝贵的资源。也正是这笔资源，使得赵本山经营的企业能够做得“风生水起”（案例专栏 6）。

案例专栏 6

赵本山的资源整合凸显的优势

图片来源：http://www.zbs.cn.

2014 年 6 月 21 日下午 6 时，位于深圳莲花村的“刘老根大舞台”深圳旗舰剧场，700 多个座位座无虚席，掌声、笑声和叫好声连距离剧场 100 米开外的报刊亭老板都能听见，而当时正在深圳驻演的小沈阳带来的压轴演出，更将场内气氛推向高潮。

说起这一切，就不得不提到一个人：赵本山。赵本山在圈内的地位，早就根深蒂固。自从赵本山的小品走红后，每年的春晚不知有多少人等着看他的节目。他的小品、名气、地位在国内演艺界可谓独树一帜。但是，赵本山并没有兴奋过头，而是冷静下来对未来进行了更长远的思考：那就是如何利用自己手中的资源，更好地对资源进行整合。

从赵本山出名后，前来拜师的人不在少数。有的是冲着赵本山的名气，想多学点东西早日成名；还有的是已经在当地小有名气，或者说在地方上有相当知名度的。所有这些，赵本山都思索着……他深知，自己一人的荣誉，不如一个团队的壮大。为此，他在注重做好自己小品的同时，也在用心培养他的弟子。

从2005年让徒弟蔡维利、王小虎在春晚小品《功夫》中扮演“小忽悠”的双双登场，到陆续让小沈阳、王小利在央视春晚的高调亮相。小沈阳的一夜火爆、王小利的迅速走红以及旗下弟子的纷纷崭露头角，都充分显示出赵本山的子品牌战略是正确的，他们不仅为本山大叔脸上增了光，更为本山传媒挣了钱，可谓两全其美。

对于每个徒弟，赵本山都非常重视其个人的价值。他设法给他们戏演，每一次发展的机会都考虑到手下的徒弟们。这让每个人都找到了发挥自身价值的平台。此外，赵本山深知，娱乐圈没有媒体的参与是不行的，但整合媒介不能单纯理解为打广告那么简单，得借势借力。

在对媒介的资源进行整合这方面，赵本山可谓招式娴熟，这与他在央视春晚混了二十几年不无关系。从央视、辽宁卫视、黑龙江卫视到网络传媒、地方影剧院，媒体提供的广阔平台是本山传媒艺人露脸的好机会。

媒体整合对于赵本山来说就是免费买了别人花巨资都不可能买到的黄金时段，一方面媒体需要赵本山和他的二人转团队的支持来增加收视率，另一方面他的徒弟们也需要机会在媒体上露脸，来不断地增强自己的影响力。

资料来源：曾国华，庞玉兰，嵇国平，余来文. 管理学——理论、应用和中国案例［M］. 北京：经济管理出版社，2015.

（二）塑造和维护企业声誉

具有良好的声誉可以帮助企业获得社会各方的认可，整合各种资源，创造价值。企业可从以下几方面来塑造和维护企业声誉：

1. 提供优质的产品

这是塑造与维护企业声誉的最根本策略。社会各方对企业的认可关键在于企业为社会提供了优质的产品。如汽车制造商德国大众、日本丰田和美国通用企业在全球享有较高声誉，主要源于其产品的上佳质量为企业带来了良好的国际声誉。

2. 积极参与公益事业，承担社会责任，履行社会义务

这是企业作为社会的一员应认识到并做到的。蒙牛公司给全国 500 所小学免费送牛奶，获得社会各界的好评，正面提升了该公司的声誉，提升了其软实力。

3. 积极稳妥地化解企业危机

企业在发展过程中不可能一帆风顺，会遭遇各种对企业不利的事件。当企业遭遇危机时，应快速反应，与公众进行有效的沟通；坚持以公众利益为首要原则妥善处理危机，在危机中

赢得社会各界对企业的尊重，提升企业软实力。

（三）满足企业利益相关者的需要

企业软实力的实现要以企业利益相关者的价值认同为载体，而要获得他们的认同，则要满足其物质和精神上的需要。为此，一方面要知晓企业利益相关者的相关情况，洞察他们的需要；另一方面要借助企业的资源满足企业利益相关者的需要，通过与他们的互动，获取他们心理和行为上对企业的认同，最终提升企业的软实力。1996 年，一位海尔公司用户突发奇想，用海尔洗衣机洗地瓜，结果地瓜洗干净了，但洗衣机却坏了。但是，海尔公司却从该件看似笑话的事情中，洞察到消费者的需要，据此“三天之内设计出图纸，半个月之内投放市场”。“海尔大地瓜洗衣机”一经面世就受到消费者的青睐，市场上出现了抢购的热潮。如今，海尔公司在消费者心目中享有极高的声誉，软实力快速稳步增强，其主要原因在于：海尔公司不断跟踪并满足消费者的需要，得到了他们的高度认可。

（四）发挥企业领导者的关键作用

领导者的做事理念、方式直接且显著影响着企业的价值观、文化和经营方式，他们在提升企业软实力中的作用至关重要。为此，一是应提升领导者品质和专业素养，发挥其榜样作用；二是领导者应引导企业员工在思想上充分认识企业软实力在企业发展中的作用，并在实践中营造良好氛围，以利于提升企业软实力；三是领导者在公众场合应积极传播企业的价值和文化，彰显企业的软实力。由联想的领导人柳传志于 1996 年提出的管理三要素，即建班子、定战略和带队伍，已融入联想公司的“血液”中，是该公司的重要软实力，更是该公司发展的动力和保障。正是依靠这种软实力，联想公司培养出了一批领军人物，并不断开疆拓土，于 2004 年收购了 IBM 的 PC 业务，成为国际化的公司。自 2013 年以来，联想电脑销售量稳居世界第一，成为全球最大的 PC 生产厂商。如今，联想公司已在多个行业里取得了领先地位。

八、本章小结

本章结合中国培育企业竞争优势存在的主要问题，从培育有效的企业战略惯例、养成科学的决策惯例、养成持续有效的学习模式、塑造企业信用和提升企业软实力五个方面探寻培育企业竞争优势之路，并从形成中国健全的行业竞争氛围视角寻求有利于培育企业竞争优势的外部支持。

本章寻求中国企业竞争优势培育的基本途径，主要是按以下思路进行的：从企业外部角度来说，促进健全的行业氛围的形成；对企业自身来说，通过有效的企业惯例配置企业的稀缺的有限的资源，最终获取企业的核心能力。

在现实中，企业竞争优势的影响因素纷繁复杂，因而本章对中国企业培育竞争优势途径的探讨，只是一个基本思路，是从企业惯例视角而进行的探索。另外，在本章中提供了六家企业通过各种方式经营自我，最终使得企业获取和保持竞争优势的成功案例，从而为相关企业进行管理和经营提供思路借鉴。

参考文献

[1] Ackerman R. W. How companies respond to social demands [J]. Harvard Business Review, 1973, 51 (4).

[2] Ackerman R. W., Bauer R. A. Corporate social responsiveness: The modern dilemma [M]. Reston Publishing Company, 1976.

[3] Amit R., Schoemaker P. J. H. Strategic assets and organizational rent [J]. Strategic Management Journal, 1983, 14(1).

[4] Andrews K. The concept of corporate strategy [M]. Homewood I. L.: Irwin, 1972.

[5] Ansoff H., et al. strategic planning to strategic management [M]. Wiley Chichester, 1976.

[6] Bain J. S. Workable Competition in oligopoly: Theoretical consideration and some empirical evidence [J]. American Economic Review, 1950, 40 (2).

[7] Barney J. Firm resources and sustained competitive advantage [J]. Journal of Management, 1991, 17 (1): 99-120.

[8] Berle A. A. Modern functions of the corporate system [J]. Columbia Law Review, 1962, 62 (3): 421-438.

[9] Berle A.A. Corporate powers as powers in trust [J]. Harvard Business Review, 1931, 44 (7).

[10] Bowen H. R. Social responsibilities of the businessman [M]. New York: Harper & Row, 1953.

[11] Carroll A. B. A Commentary and an overview of key questions on corporate social performance measurement [J]. Business and Society, 2000, 39 (4): 474.

[12] Carroll A. B. A Three-dimensional conceptual model of corporate performance [J]. Academy of Management Review, 1979, 4 (4): 497-505.

[13] Carroll A. B. Business and society: Ethics and stakeholder management [M]. Cincinnati: South-Western, 1993.

[14] Carroll A. B. Corporate social responsibility evolution of a definitional construct [J]. Business & Society, 1999, 38 (3): 268-295.

[15] Carroll A. B. The Pyramid of corporate social responsibility: Toward the moral management of organization stakeholders [J]. Business Horizons, 1991 (34): 39-48.

[16] Christine O. Sustainable competitive advantage: Combin-

ing institutional and resource based views [J]. Strategic Management Journal, 1997, 18 (9): 697–713.

[17] Clarkson M. A stakeholder framework for analyzing and evaluating corporate social performance[J]. Academy of Management Review, 1995, 20 (1): 92–117.

[18] Coase R. H. Problem of social cost [J]. Journal of Law and Economics, 1960 (3): 1–44.

[19] Coase R. H. The nature of the firm [J]. Economica, 1937, 4 (16): 386–405.

[20] Collis D., Montgomery C. A. Competing on resource: Strategy in 1990s [J]. Harvard Business Review, 1995 (7/8): 118–128.

[21] Committee for Economic Development. Social respon sibilities of business corporations [M]. New York: Author, 1971.

[22] Conner K. A historical comparison of resource–based theory and five schools of though within industrial organization economics: Do we have a new theory of the firm? [J]. Journal of Management, 1991, 17 (1): 121–154.

[23] Davis K. Can business afford to ignore social responsibility? [J]. California Management Review, 1960, 2 (4): 70–76.

[24] Demsetz H. Barriers to entry [J]. American Economics

Review, 1972, 72 (1): 47–57.

[25] Demsetz H. Industry structure market rivalry and public policy [J]. Journal of Law and Ecomomics, 1973 (16).

[26] Dierickx I., Cool K. Asset stock accumulation and sustainability of competitive advantage [J]. Management Science, 1989, 35 (22): 1504–1511.

[27] Dierickx I., Cool K. Asset stock accumulation and sustainability of competitive advantage: Reply [J]. Management Science, 1989, 35 (22): 1512–1514.

[28] Dodd E. M. For whom are corporate managers trustees? [J]. Harvard Business Review, 1932, 45 (7): 1145–1163.

[29] Donaldson T., Preston L. E. The stakeholder theory of the corporation: Concepts, evidence, and implications [J]. Academy of Management Review, 1995, 20 (1): 65–91.

[30] Epstein E. M. The corporate social policy process: Beyond business ethics, corporate social responsibility, and corporate social responsiveness [J]. California Management Review, 1987, 29 (3): 99–114.

[31] Foss N. J., Knudsen T. The resource–based tangle: Towards a sustainable explanation of competitive advantage [J]. Management and Decision Economics, 2003, 24 (4): 291–307.

[32] Frederick W. C. From CSR1 to CSR2 [J]. Business and Society, 1994, 33 (2): 150–164.

[33] Frederick W. C. The growing concern over business responsibility [J]. California Management Review, 1960 (2).

[34] Freeman R. E. Strategic management: A stakeholder approach [M]. Boston M. A.: Pitman, 1984.

[35] Friedman M. The social responsibility of business is to increase its profits [N]. The New York Times, 1962-09-12.

[36] Giffin J. J., Mahon J. F. The corporate social performance and corporate financial performance debate: Twenty five years of incomparable research [J]. Business and Society, 1997, 36 (1): 5-31.

[37] Grant R. M. The resource-based theory of competitive advantage: Implications for strategy formation [J]. California Management Review, 1991, 33 (3): 114-135.

[38] Hart S. L. A natural-resource-based view of the firm [J]. Academy of Management Review, 1995, 20 (4): 986-1014.

[39] Hayek F. A. The corporation in a democratic society: In whose interest ought it and will it be run? In Ansoff, H. I. (ed), Business and Society [C]. Harmondworth, 1969.

[40] Jean B. M., Alison S., Thomas S. Corporate social responsibility and firm financial performance [J]. Academy of Managemnt Journal, 1988, 31 (4): 854-872.

[41] Jones T. M. Instrumental stakeholder theory: A syn-

theses of ethics and economics [J]. Academy of Management Review, 1995, 20 (2): 404-437.

[42] Jones T. M., Wicks A. C. Convergent stakeholder theory in management research [J]. Academy of Management Review, 1999a, 24 (2): 206-221.

[43] Kang H. H., Liu S. B. Corporate social responsibility and corporate performance: A quantile regression approach [J]. Quality & Quantity, 2014, 48 (6): 3311-3325.

[44] Leonard-Barton D. Core capabilities and core rigidities: A paradox in managing new product development [J]. Strategic Management Journal. Summer Special Issue, 1992 (13).

[45] Li Hongyu, Liu Meiyue, Zhao Jiayi. Construction of soft power of small and medium-sized enterprises [J]. Canadian Academy of Oriental and Occidental Culture, 2012 (5): 88-92.

[46] Lippman S., Rumelt R. Uncertain imitability: An analysis of interfirm differences in efficiency under competition [J]. Bell Journal Economics, 1982 (13).

[47] Manne H. G. The "higher criticism" of the modern corporation [J]. Columbia Law Review, 1962, 62 (3): 405-420.

[48] Margolis J. D., Walsh J. P. Misery loves companies: Rethinking social initiatives by business [J]. Administrative Science Quarterly, 2003, 48 (2): 268-305.

[49] Margolis J. D., Walsh J. P. Social enterprise series No.

19—Misery loves companies, whither social initiatives by business? [R]. Harvard business School Working Paper Series, 2001.

[50] Mason E. Price and production policies of large-scale enterprise [J]. American Economic Review, 1939, 29 (1): 61-74.

[51] McWilliams A., Siegel D. S., Wright P. W. Corporate social responsibility: Strategic implications [J]. Journal of Management Studies, 2006, 43 (1): 1-18.

[52] Minor D., Morgan J. CSR as reputation insurance: Primum-non nocere [J]. California Management Review, 2011, 53 (3): 40-59.

[53] Mitchell R.K., Agle B.R., Wood D.J. Toward a theory of stakeholder identification and salience: Defining the principle of who and what really counts [J]. Academy of Management Review, 1997, 22 (4): 865-867.

[54] North D. Structure and performance: The task of economic history [J]. Journal of European Economic History, 1977 (Fall).

[55] Penrose E. The growth of the firm: A case [J]. Business History Review, 1960, 34 (10): 1-33.

[56] Peteraf M. The cornerstones of competitive advantage: A resource-based view [J]. Strategic Management Journal, 1993, 14

(3): 179–191.

[57] Powell T. Competitive advantage: Logical and philosophical consideration [J]. Strategic Management Journal, 2001, 22 (12): 875–888.

[58] Prahalad C. K., G. Hamel. The core competence of the corporation [J]. Harvard Business Review, 1990 (May–June).

[59] Preston L. E., Post J. E. Private management and public policy [M]. Prentice–Hall, Inc., 1975.

[60] Richardson G. The organization of industry [J]. Economics Journal, 1972 (82).

[61] Rowley T., Berman S. A brand new brand of corporate social performance [J]. Business and Society, 2000, 39 (4): 397–398.

[62] Rumelt R. Towards a strategic theory of the firm [J]. Competitive Strategic Management, 1984 (1): 556–570.

[63] Sethi S. P. Dimensions of corporate social performance: An analytical framework [J]. California Management Review, 1975, 17 (3): 58–64.

[64] Stone C. D. Where the law ends [M]. New York: Harper Colophon Books, 1975.

[65] Teece D. J., Pisano G., Shuen A. Dynamic capabilities and strategic management [J]. Strategic Management Journal, 1997, 18 (7): 509–533.

[66] Votaw D. Genius becomes rare in the corporate dilemma: Traditional values and contemporary problems [M]. Cavendish Publishing Limited, 1975.

[67] Walton C. C. Corporate social responsibilities [M]. Belmont C. A.: Wadsworth, 1967.

[68] Wang W. K., Lu W. M., Kweh Q. L., Lai H. W. Does corporate social responsibility influence the corporate performance of the US telecommunications industry? [J]. Telecommunications Policy, 2014, 38 (7): 580–591.

[69] Wartick S. L., Cochran P. L. The evolution of the corporate social performance model [J]. Academy of Management Review, 1985, 10 (4): 758–769.

[70] Wernerfelt B. A resource–based view of the firm [J]. Strategic Management Journal, 1984, 5 (2): 171–180.

[71] Williamson O. Credible commitments: Using hostages to support exchange [J]. American Economic Review, 1983 (73).

[72] Wood D. J. Corporate social performance revisited [J]. The Academy of Management Review, 1991,16 (4): 691–717.

[73] Wood D. J. Social issues in management: Theory and research in corporate social performance [J]. Journal of Management, 1991, 17 (2): 383–384.

[74] Zhang Xiaoming. An analysis of joseph Nye's "soft power" [J]. American Studies Quarterly, 2005 (1).

[75]（美）爱德华·弗里曼，杰弗里·哈里森，安德鲁·威克斯，拜德安·帕尔马，西蒙娜·科莱. 利益相关者理论现状与展望［M］. 盛亚，李靖华等译. 北京：知识产权出版社，2013.

[76]（美）彼得·圣吉. 第五项修炼［M］. 郭进隆译. 上海：上海三联出版社，1998.

[77]（美）波特. 竞争优势［M］. 陈小悦译. 北京：华夏出版社，2004.

[78] 陈宏辉，贾生华. 企业利益相关者三维分类的实证分析［J］. 经济研究，2004（4）：80-90.

[79] 陈宏辉. 企业的利益相关者理论与实证研究［D］. 浙江大学博士学位论文，2003.

[80] 陈亭楠. 现代企业文化［M］. 北京：企业管理出版社，2004.

[81]（美）大卫·科利斯，辛西娅·蒙哥马利. 公司战略：企业的资源和范围［M］. 王永贵，杨永红译. 大连：东北财经大学出版社，2000.

[82] 单卫国. 推进智库建设　提升国家和企业软实力［J］. 理论视野，2014（5）：70-74.

[83] 邓秋云. 竞争优势相关概念辨析［J］. 财经科学，2002（7/8）：95-98.

[84] 丁政，张光宇. 企业软实力结构模型的构建与解析［J］. 科学学与科学技术管理，2007（7）：117-123.

[85] （美）格里·约翰逊，凯万·斯科尔斯. 战略管理 [M]. 王军等译. 北京：人民邮电出版社，2004.

[86] 郭斌. 基于核心能力的企业竞争优势理论 [M]. 北京：科学出版社，2003.

[87] 郭德，梁娟红. 基于 ANP 的企业软实力评价体系研究 [J]. 科学学与科学技术管理，2008（7）：186–190.

[88] 郝鸿毅. 企业软实力 [M]. 北京：中国时代经济出版社，2008.

[89] （美）赫根汉. 人格心理学 [M]. 北京：作家出版社，1988.

[90] 黄国群，徐金发，姜涛，郗河. 企业软实力的内涵、形成过程及作用机理研究 [J]. 软科学，2008（2）：127–131.

[91] 黄国群. 系统观视角的企业软实力结构及提升策略研究 [J]. 商业经济与管理，2012（1）：60–66.

[92] 黄枚怡. 企业软实力建设 [J]. 中国第三产业，2004（11）：30–31.

[93] 黄群慧. 企业持久竞争优势探源：多重理论视角分析及其内在一致性 [J]. 工业企业管理（中国人民大学复印资料），2004（3）：102–111.

[94] 嵇国平，梅丽珍. 企业软实力理论研究的现状及发展趋势 [J]. 生产力研究，2009（22）：21–23.

[95] 嵇国平，孟鹰. 企业竞争优势的理论回顾及研究趋势 [J]. 商业研究，2006（11）：30–35.

[96] 嵇国平，赵艳丽. 企业竞争优势源泉研究的新进展：战略网络论 [J]. 价值工程，2004（8）：51-53.

[97]（美）加里·胡佛. 愿景 [M]. 北京：中信出版社，2003.

[98] 姜汝详. 差距 [M]. 北京：机械工业出版社，2003.

[99] 蒋学伟. 保持竞争优势 [M]. 上海：复旦大学出版社，2002.

[100]（荷）杰克·J. 弗罗门. 经济演化 [M]. 李振明等译. 北京：经济科学出版社，2003.

[101] 科斯，阿尔钦，诺斯. 财产权利与制度变迁 [M]. 上海：上海人民出版社，2004.

[102] 李贝贝. 上海汽发：提升生产现场"软实力" [J]. 企业管理，2014（2）：46-47.

[103] 李建升. 企业文化与企业关联机制研究：企业社会责任视角 [D]. 浙江大学博士学位论文，2008.

[104] 李君，吕力. 企业软实力理论研究的文献综述 [J]. 商业经济，2010（1）：20-22.

[105] 李伟阳，肖红军，郑若娟. 企业社会责任经典文献导读 [M]. 北京：经济管理出版社，2010.

[106] 李瑛玫，徐贝超，王伦. 基于利益相关者价值认同度的我国企业软实力评价体系研究 [J]. 济南大学学报（社会科学版），2013（6）：75-81.

[107] 李玉刚，童超. 企业合法性与竞争优势的关系：分析

框架及研究进展［J］. 外国经济与管理，2015，37（3）：65-75.

［108］联玉明. 学习型组织［M］. 北京：中国时代经济出版社，2003.

［109］刘玉焕，井润田. 企业社会责任能提高财务绩效吗？——文献综述与理论框架［J］. 外国经济与管理，2014（12）：71-77.

［110］卢代富. 国外企业社会责任界说述评［J］. 现代法学，2001（3）：137-144.

［111］卢现祥. 西方新制度经济学［M］. 北京：中国发展出版社，2004.

［112］陆庆平. 企业绩效评价新论：基于利益相关者视角的研究［D］. 东北财经大学博士学位论文，2006.

［113］罗高峰. 基于价值认同视角的企业软实力作用机制研究［J］. 管理世界，2010（3）：184-185.

［114］罗珉. 管理学范式理论研究［M］. 成都：四川人民出版社，2003.

［115］马钢. 企业竞争优势的内涵界定及其相关理论评述［J］. 经济评论，2006（1）：113-121.

［116］（美）马歇尔. 经济学原理［M］. 朱志泰译. 北京：商务印书馆，1997.

［117］（美）马约翰·克劳奈维根. 交易成本经济学及超越［M］. 朱丹，黄瑞宏译. 上海：上海财经大学出版社，2002.

［118］麦影. 企业社会责任对企业竞争优势影响的实证研

究［D］. 暨南大学博士学位论文，2010.

［119］（美）尼尔森，温特. 经济变迁的演化理论［M］. 北京：商务印书馆，1997.

［120］（美）尼古斯·J. 福斯，克里斯第安·克努森. 企业万能：面向企业能力理论［M］. 李东红译. 大连：东北财经大学出版社，1998.

［121］倪洪尧. 民营企业亟需提升软实力［J］. 华东经济管理，2007（7）：98-100.

［122］宁龙. 决策参谋［M］. 北京：中国物资出版社，2004.

［123］人民日报评论员. 经济形势闪耀新亮点——新常态下的中国经济（上）［N］. 人民日报，2014-08-05.

［124］任映红. 社会信用制度的内涵和构建［J］. 长白学刊，2005（2）：76-78.

［125］芮明杰，余光胜. 产业制胜——产业视角的企业战略［M］. 杭州：浙江人民出版社，1999.

［126］芮明杰. 管理学［M］. 上海：上海人民出版社，1999.

［127］芮明杰. 管理学——现代的观点［M］. 上海：格致出版社，上海人民出版社，2013.

［128］申富平，袁振兴. 论企业社会责任的资源依赖性及其配置［J］. 河北经贸大学学报，2011（3）：50-54.

［129］沈洪涛，沈艺峰. 公司社会责任思想起源及演变［M］. 上海：上海人民出版社，2007.

［130］盛昭瀚，蒋德鹏. 演化经济学［M］. 上海：上海三联出版社，2002.

［131］舒强兴，王红英. 企业社会责任信息披露问题的探讨［J］. 财经理论与实践，2006（6）：19–21.

［132］（美）斯密. 国民财富的性质和原因的研究［M］. 长沙：中南大学出版社，2003.

［133］孙东生，嵇国平. "惯例人"假设与管理学理论范式［J］. 经济管理，2005（7）：25–26.

［134］谭深，刘开明. 跨国公司的社会责任与中国社会［M］. 北京：社会科学文献出版社，2003.

［135］（美）特雷斯·迪尔，阿伦·肯尼迪. 企业文化［M］. 上海：上海科技文献出版社，1989.

［136］王丹，王玉. 中国汽车企业的软实力测评和提升——来自上汽集团的案例［J］. 中国工业经济，2012（6）：135–148.

［137］王国刚. 大失败［M］. 北京：科学技术文献出版社，2003.

［138］王晶晶，杨洁珊，胡成宝. 企业社会责任的研究现状及未来研究展望——基于 CSSCI 来源期刊中经济学、管理学类期刊上文章的分析［J］. 管理评论，2010（8）：96–102.

［139］吴光飙. 企业发展的演化历程［M］. 上海：上海财经大学出版社，2004.

［140］项保华. 战略管理——艺术与实务［M］. 上海：复

旦大学出版社，2003.

［141］谢洪明，刘常勇，陈春辉. 市场导向与组织绩效的关系：组织学习与创新的影响——珠三角地区企业的实证研究［J］. 管理世界，2006（2）：80–94.

［142］徐金发，郗河. 企业社会责任对企业软实力的提升机制［J］. 经济管理，2009（1）：133–138.

［143］徐世伟，赖恒静. 社会责任视角下的民营企业软实力探析［J］. 管理学报，2013（10）：1447–1453.

［144］杨家宁. 资源基础理论视角下的企业社会责任［J］. 理论导刊，2007（9）：91–94.

［145］尹钰林. 企业社会责任前置因素及其作用机制研究［D］. 南开大学博士学位论文，2010.

［146］余光胜. 企业竞争优势根源的理论演进［J］. 经济管理，2002（20）：10–15.

［147］禹海慧. 基于模糊层次评价的企业软实力指标建构与测度［J］. 统计与决策，2014（1）：43–45.

［148］袁庆明，刘洋. 威廉姆森交易成本决定因素理论评析［J］. 财经理论与实践，2004（5）：16–20.

［149］袁哲. 企业软实力的概念、内涵及主要特征探究［J］. 商业时代，2010（31）：78–80.

［150］（美）约瑟夫·奈. 软实力［M］. 马娟娟译. 北京：中信出版社，2013.

［151］（美）约瑟夫·奈. 软实力：世界政坛的成功之道

[M]. 吴晓辉等译. 北京：东方出版社，2005.

[152] 曾国华，庞玉兰，嵇国平，余来文. 管理学——理论、应用和中国案例 [M]. 北京：经济管理出版社，2015.

[153] 张德，吴剑平. 企业文化与 CI 策划 [M]. 北京：清华大学出版社，2003.

[154] 张鼎昆. 行动学习 [M]. 北京：机械工业出版社，2005.

[155] 张生太，金丹. 移动社交网络微信的发展及潜在价值分析 [J]. 北京邮电大学学报（社会科学版），2015（2）：1-7.

[156] 张新华，范宪. 识别、构建和保持企业核心能力 [J]. 复旦学报（社会科学版），2002（5）：106-111.

[157] 张志强，王春香. 西方企业社会责任的演化及其体系 [J]. 宏观经济研究，2005（9）：19-24.

[158] 郑海东. 企业社会责任行为表现：测量维度、影响因素及绩效关系 [M]. 北京：高等教育出版社，2012.

[159] 周三多，鲁明泓，周传明. 管理学——原理与方法 [M]. 上海：复旦大学出版社，2002.

[160] 周三多，邹统钎. 战略管理思想史 [M]. 上海：复旦大学出版社，2002.

[161] 周晓东，项保华. 什么是竞争优势？[J]. 科学学与科学技术管理，2003（6）：104-107.

后　记

企业竞争优势理论的研究自20世纪60年代以来就是战略管理界关注的中心命题，时至今日，这方面的文献仍层出不穷，该研究边界已扩展到各个领域。但是，在竞争优势的理论研究中存在一定的混乱，如企业竞争优势的概念本身获得的关注度相当低，对企业竞争优势的培育研究也不够深入，这些都增加了问题的研究难度。本书研究得出的结论如下：

（1）学者们对企业竞争优势的研究主要是从企业资源或能力视角探寻企业竞争优势的来源及培育途径，很少有学者从企业惯例视角对此进行研究。本书在前人研究的基础上，从企业惯例视角寻找与企业能力或资源相融的契合点，以寻求企业竞争优势的源泉和培育途径。

（2）企业惯例普遍存在于企业的日常活动中，学者们对此的初步研究为本书从企业惯例视角研究企业竞争优势提供了原始的素材。本书从企业行为特性视角界定了企业惯例的概念，认为企业惯例是在可竞争市场环境中，在企业的生存和发展过程中，通过与环境的互动而形成的习惯行为模式，或作为形容词形容企业完成的事顺利有效。

(3) 在界定企业概念的基础上，揭示了惯例行为普遍存在于人类社会中，因而也存在于由人构成的企业中，因而，企业惯例对企业的生存和发展起着至关重要的作用，可以通过对企业资源的有效配置而形成核心能力，而核心能力又对企业竞争优势起着支撑作用，据此企业惯例可以称为企业竞争优势的来源。

(4) 结合中国国情，从企业惯例视角认为中国企业在培育竞争优势中存在的主要问题有战略缺失、决策缺失和缺乏持续有效的学习模式等。在上述基础上，寻求促进健全的行业竞争氛围形成的对策，并结合六个企业案例探讨了基于有效的企业惯例培育中国企业竞争优势的基本思路。

(5) 从企业惯例视角剖析了中国企业竞争优势的来源机理，并探讨了其培育途径，也揭示了在现实企业中普遍存在着惯例行为这一事实。这在企业竞争优势研究方面，是一种新的尝试；也许可以为今后中国战略管理理论界对企业竞争优势的研究开创一个新的局面。从企业惯例视角探寻中国培育企业竞争优势的基本途径，或许还可以为企业在竞争日益激烈的市场环境中，对寻求和培育自身的竞争优势带来有益的思考和探索。

本书是在我的硕士论文基础上修改完成的。在此感谢母校哈尔滨商业大学为我求学提供了一个良好的学习环境和丰富的学习资源。感谢导师赵艳丽教授、孙东生教授以及周游教授对论文的指导和帮助；感谢他们在我求学期间，对我学习与生活上的关心与照顾，在学术研究上给予我指导，为我以后的学习打下了基础；感谢他们在为人做事上给予我教诲，使我受益匪浅。

本书得到南昌工程学院科研成果专项经费和江西省水安全与可持续发展软科学研究基地的资助。

经济管理出版社总编室何蒂副主任在本书出版的过程中给予了大力的支持、帮助和精心策划，杜菲编辑为本书的出版给予了细致、耐心指导和精心编辑，在此向他们表示特别的感谢。

感谢我的妻子阚云艳女士。自我们结识以来，她一直在全心地为我们的家庭耕耘和付出，包容我的缺点，支持我的学术研究、专业教学和教研室管理等工作。

需要特别指出的是，本书借鉴和参考了国内外众多专家学者的研究成果及大量的相关文献资料，并引用了一些书籍、期刊、报纸、网站的部分数据和资料内容，尽最大可能地在脚注文献和参考文献中列出。在此，对这些成果的作者和发表机构深表谢意。

限于笔者的学识水平，本书中错漏之处在所难免，恳请各位同仁及读者指正。

稖国平

2015 年 11 月于南昌工程学院